全3巻 光村の国語 **楽しく演じて，敬語の達人**

1. これなら使える　敬語13場面
2. 知っておきたい　敬語9場面
3. ゲームとクイズで敬語のまとめ

光村の国語

楽しく演じて、敬語の達人 1

これなら使える 敬語13場面

ことばは、どのようなことばで話《はな》すかによって、
話《はな》す人《ひと》と周《まわ》りとの関係《かんけい》を表《あらわ》します。
敬《うやま》う気持《きも》ちや思《おも》いやる心《こころ》などを伝《つた》える敬語《けいご》も、そんなことばの一部《いちぶ》です。
この本《ほん》では、ふだんの生活《せいかつ》の中《なか》から13の場面《ばめん》を取《と》り上《あ》げて、
いろいろな敬語《けいご》を使《つか》ったやり取《と》りなどを、
実際《じっさい》に演《えん》じる構成《こうせい》になっています。
自分《じぶん》で演《えん》じたり、友達《ともだち》が演《えん》じる様子《ようす》を見《み》たりすることで、
人《ひと》と人《ひと》とが関係《かんけい》するうえで、
敬語《けいご》がとても大切《たいせつ》な役割《やくわり》を果《は》たしていることがわかるでしょう。
さあ、いろいろな場面《ばめん》に挑戦《ちょうせん》して、
敬語《けいご》の達人《たつじん》を目指《めざ》しましょう。

光村教育図書

光村の国語

楽《たの》しく演《えん》じて、敬語《けいご》の達人《たつじん》 1

これなら使《つか》える 敬語《けいご》13場面《ばめん》

目次《もくじ》

敬語《けいご》博士《はかせ》の敬語《けいご》講座《こうざ》

敬語《けいご》を話《はな》すとき

わたしたちは、話《はな》し相手《あいて》や話題《わだい》に出《で》てくる人《ひと》を心《こころ》から敬《うやま》って話《はな》すときや大切《たいせつ》に思《おも》って話《はな》すとき、また、その人《ひと》と気持《きも》ちのうえで距離《きょり》を置《お》いて話《はな》すときに敬語《けいご》を使《つか》います。特《とく》に、尊敬語《そんけいご》とけんじょう語《ご》Ⅰは、その人《ひと》を「自分《じぶん》よりも高《たか》いところに置《お》いて話《はな》す」ことになります。このことを、この本《ほん》では「立《た》てる」という言《い》い方《かた》で表《あらわ》すことにします。次《つぎ》の①は「校長先生《こうちょうせんせい》」を、②では「お客様《きゃくさま》」を立《た》てています。

①向《む》こうから校長先生《こうちょうせんせい》がいらっしゃいます。

②お客様《きゃくさま》を応接室《おうせつしつ》にご案内《あんない》します。

敬語《けいご》の仕組《しく》み

敬語《けいご》は、その働《はたら》きによっていくつかに分《わ》けられます。この本《ほん》では五種類《ごしゅるい》に分《わ》けて考《かんが》えています。これまで敬語《けいご》は、ていねい語《ご》、尊敬《そんけい》語《ご》、けんじょう語《ご》の三種類《さんしゅるい》に分《わ》けられていました。この五種類《ごしゅるい》は、敬語《けいご》の働《はたら》きによってより細《こま》かく分類《ぶんるい》したものです。

ていねい語《ご》……「です」「ます」など

美化語《びかご》……「お酒《さけ》」「お料理《りょうり》」など

尊敬語《そんけいご》……「いらっしゃる」「おっしゃる」など

けんじょう語《ご》Ⅰ……「うかがう」「申《もう》し上《あ》げる」など

けんじょう語《ご》Ⅱ（丁重語《ていちょうご》）……「参《まい》る」「申《もう》す」など

3分類《ぶんるい》	5分類《ぶんるい》
ていねい語《ご》	ていねい語《ご》
	美化語《びかご》
尊敬語《そんけいご》	尊敬語《そんけいご》
けんじょう語《ご》	けんじょう語《ご》Ⅰ
	けんじょう語《ご》Ⅱ

ていねい語《ご》

話《はなし》を聞《き》く人《ひと》、文章《ぶんしょう》を読《よ》む人《ひと》に対《たい》してていねいに言《い》うときに使《つか》われます。「です」「ます」のほかに「（で）ございます」があり、「です」や「ます」よりももっとていねいに言《い》うときに使《つか》われます。

①五月五日《ごがついつか》はこどもの日《ひ》です。

②前田《まえだ》といいます。

③山田《やまだ》でございます。

④ありがとうございます。

山田《やまだ》でございます。
前田《まえだ》といいます。
ていねい語《ご》を使《つか》ったあいさつですね。

美化語《びかご》

ものごとをきれいに言《い》うときに、ものの名前《なまえ》に「お」や「ご」などをつける言《い》い方《かた》です。動作《どうさ》をする人《ひと》や動作《どうさ》がおよぶ相手《あいて》を立《た》てる働《はたら》きはありませんが、話《はな》している（書《か》いている）相手《あいて》に対《たい》してことばづかいをきれいにするときに使《つか》われます。

①父《ちち》がお酒《さけ》を飲《の》みます。

②シェフがお料理《りょうり》を作《つく》ります。

「お水《みず》」や「おにぎり」もそうだね。「おにぎり」は、「お」を取《と》ると意味《いみ》が変《か》わってしまうよ。

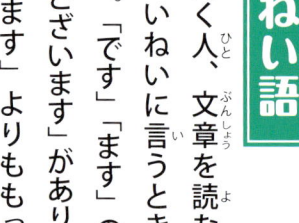

尊敬語《そんけいご》

相手《あいて》の人《ひと》やほかの人《ひと》の動作《どうさ》・ものごと・様子《ようす》（状態《じょうたい》）などについて、その人《ひと》を立《た》てて言《い》うことばを尊敬語《そんけいご》といいます。尊敬語《そんけいご》には、次《つぎ》のようなものがあります。

動詞《どうし》①

①先生《せんせい》は明日《あす》から海外《かいがい》へいらっしゃる。
②向《む》こうから先生《せんせい》がいらっしゃる。
③先生《せんせい》は明日《あす》ならいらっしゃる。
④先生《せんせい》がおっしゃることを聞《き》く。
⑤先生《せんせい》が車《くるま》を運転《うんてん》なさる。
⑥先生《せんせい》がお弁当《べんとう》をめし上《あ》がる。

◆①から⑥は、別《べつ》のことばになる例《れい》です。①は、先生《せんせい》の「行《い》く」という動《どう》作《さ》について、先生《せんせい》を立《た》てて「いらっしゃる」という敬語《けいご》を使《つか》っています。②から⑥も同《おな》じ使《つか》い方《かた》です。

②「来《く》る」→「いらっしゃる」
③「いる」→「いらっしゃる」
④「言《い》う」→「おっしゃる」
⑤「する」→「なさる」
⑥「食《た》べる」→「めし上《あ》がる」

どの文《ぶん》も尊敬語《そんけいご》を使《つか》って先生《せんせい》を立《た》てているよ。

先生《せんせい》が……
言《い》う
おっしゃる
運転なさる
本を読まれる
読《よ》む
運転《うんてん》する

動詞《どうし》②

⑦先生《せんせい》ははさみをお使《つか》いになりますか。
⑧先生《せんせい》はこの割引券《わりびきけん》をご利用《りよう》になりますか。
⑨先生《せんせい》が本《ほん》を読《よ》まれました。
⑩先生《せんせい》がお話《はなし》を始《はじ》められた。

◆⑦から⑩は、決《き》まった敬語《けいご》の形式《けいしき》で使《つか》われる例《れい》です。先生《せんせい》の動作《どうさ》について、決《き》まった敬語《けいご》の形式《けいしき》で先生《せんせい》を立《た》てる敬語《けいご》です。

⑦⑧→「お（ご）～になる」の形《かたち》で使《つか》われる例《れい》
⑨⑩→「～れる（られる）」の形《かたち》で使《つか》われる例《れい》

動《うご》きを表《あらわ》す名詞《めいし》

⑪先生《せんせい》のお導《みちび》きで、無事《ぶじ》に卒業《そつぎょう》できました。
⑫先生《せんせい》はパーティーにご出席《しゅっせき》の予定《よてい》です。
⑬先生《せんせい》のご説明《せつめい》でよくわかりました。

◆⑪から⑬は、動《うご》きを表《あらわ》す名詞《めいし》です。動詞《どうし》②と同《おな》じように、決《き》まった敬語《けいご》の形式《けいしき》で先生《せんせい》を立《た》てる敬語《けいご》です。

⑪⑫⑬→「お（ご）～」の形《かたち》で使《つか》われる例《れい》

名詞《めいし》・形容詞《けいようし》（など）

⑭お名前《なまえ》はなんですか?
⑮ご住所《じゅうしょ》をお書《か》きください。
⑯先生《せんせい》からお手紙《てがみ》をいただいた。
⑰先生《せんせい》はおいそがしいようですね。
⑱ご立派《りっぱ》な成績《せいせき》で卒業《そつぎょう》されました。

◆⑭から⑯は、もの（名詞《めいし》）についての例《れい》です。⑰⑱は様子《ようす》（形容詞《けいようし》など）について言《い》う場合《ばあい》です。どちらも「お（ご）～」の形《かたち》で使《つか》われます。

すみません、お名前《なまえ》はなんですか?

けんじょう語《ご》Ⅰ

自分側《じぶんがわ》から相手側《あいてがわ》やほかの人《ひと》などに動作《どうさ》やものが向《む》かうとき、その向《む》かう先《さき》を立《た》てることばを「けんじょう語《ご》Ⅰ」といいます。けんじょう語《ご》Ⅰには、次《つぎ》のようなものがあります。

動詞《どうし》①

①かんとく、あしたお宅《たく》にうかがっていいですか。
②みな様《さま》に申《もう》し上《あ》げます。
③夕方《ゆうがた》、市長《しちょう》にお目《め》にかかることになっています。
④これをお母様《かあさま》に差《さ》し上《あ》げてください。

◆①から④は、別《べつ》のことばになる例《れい》です。
①は、「行《い》く」という動作《どうさ》の向《む》かう先《さき》である「かんとく」を立《た》てて「うかがう」という敬語《けいご》を使《つか》っています。②から④も同《おな》じ使《つか》い方《かた》です。

②「言《い》う」→「申《もう》し上《あ》げる」
③「会《あ》う」→「お目《め》にかかる」
④「あげる」→「差《さ》し上《あ》げる」

動詞《どうし》②

⑤かんとくのご自宅《じたく》までおとどけします。
⑥お客様《きゃくさま》を応接室《おうせつしつ》にご案内《あんない》する。

◆⑤⑥は、決《き》まった敬語《けいご》の形式《けいしき》で使《つか》われる例《れい》です。⑤は、「とどける」という動作《どうさ》の向《む》かう先《さき》である「かんとく」を立《た》てて「おとどけする」という敬語《けいご》を使《つか》っています。⑥も同《おな》じ使《つか》い方《かた》です。
⑤⑥→「お（ご）～する」の形《かたち》で使《つか》われる例《れい》

かんとくのお宅《たく》にうかがっていいですか。
相手《あいて》
向《む》かう先《さき》

名詞《めいし》

⑦かんとくにお手紙《てがみ》を差《さ》し上《あ》げる。
⑧わたしからみな様《さま》にご説明《せつめい》をいたします。

◆⑦⑧は名詞《めいし》についての例《れい》です。「お（ご）～」の形《かたち》で使《つか》われます。

⑧は、相手《あいて》と向《む》かう先《さき》がちがうんだね。

わたしからみな様《さま》にご説明《せつめい》をいたします。
向《む》かう先《さき》
相手《あいて》

けんじょう語《ご》Ⅱ（丁重語《ていちょうご》）

自分側《じぶんがわ》の動作《どうさ》やものごとを、話《はな》している（書《か》いている）相手《あいて》に対《たい》して改《あらた》まって（丁重《ていちょう》に）述《の》べる言《い》い方《かた》です。けんじょう語《ご》Ⅰは「ます」をつけずに使《つか》うこともできますが、けんじょう語《ご》Ⅱは「ます」をつけて使《つか》います。

動詞《どうし》①

①夏休《なつやす》みには祖母《そぼ》の家《いえ》に参《まい》ります。
②小池《こいけ》さやかと申《もう》します。
③母《はは》は家《いえ》におります。

夏休《なつやす》みには祖母《そぼ》の家《いえ》に参《まい》ります。
向《む》かう先《さき》
相手《あいて》

④それはわたしがいたします。

◆①から④は、別《べつ》のことばになる例《れい》です。①は、「行《い》く」という動作《どうさ》について、「参《まい》る」という敬語《けいご》を使《つか》うことで、相手《あいて》に対《たい》して改《あらた》まって伝《つた》えています。②から④も同《おな》じ使《つか》い方《かた》です。

②「言《い》う」→「申《もう》す」

③「いる」→「おる」

④「する」→「いたす」

動詞《どうし》②

⑤わたしは電車《でんしゃ》を利用《りよう》いたします。

◆「利用《りよう》する」という動作《どうさ》について、相手《あいて》に対《たい》して改《あらた》まって「利用《りよう》いたし（ます）」という敬語《けいご》を使《つか》っています。「～いたし（ます）」の形《かたち》で使《つか》います。

名詞《めいし》

⑥くわしくは拙著《せっちょ》『敬語《けいご》がわかる』をお読《よ》みください。

⑦おはがきを小社《しょうしゃ》までお送《おく》りください。

◆⑥⑦は、動作《どうさ》を表《あらわ》すことばではなく、ものの名前《なまえ》をひかえめに言《い》う場合《ばあい》の例《れい》です。「拙著《せっちょ》」は自分《じぶん》が書《か》いた本《ほん》を、「小社《しょうしゃ》」は自分《じぶん》が勤《つと》めている会社《かいしゃ》をそれぞれひかえめに言《い》うときに使《つか》います。だれかを立《た》てるのではなく、相手《あいて》に対《たい》して改《あらた》まって使《つか》われるものなので、けんじょう語《ご》Ⅱの仲間《なかま》です。主《おも》に書《か》きことばで使《つか》われます。

おかげさまで小社《しょうしゃ》はきたる10月《がつ》15日《にち》に創立《そうりつ》20周年《しゅうねん》をむかえることと相《あい》なりました。……

けんじょう語《ご》Ⅰとけんじょう語《ご》Ⅱのちがい

けんじょう語《ご》Ⅰ

①先生《せんせい》のところにうかがいます。

②弟《おとうと》のところにうかがいます。

◆①は自然《しぜん》ですが②は不自然《ふしぜん》です。これは、〈向《む》かう先《さき》〉である弟《おとうと》が、立《た》てるのにふさわしい対象《たいしょう》ではないからです。けんじょう語《ご》Ⅰは「先生《せんせい》」のような、〈向《む》かう先《さき》〉が立《た》てるのにふさわしい場合《ばあい》だけ使《つか》えます。

けんじょう語《ご》Ⅱ

③先生《せんせい》のところに参《まい》ります。

④弟《おとうと》のところに参《まい》ります。

◆けんじょう語《ご》Ⅱは〈向《む》かう先《さき》〉（先生《せんせい》・弟《おとうと》）ではなくて、今話《いまはな》している（書《か》いている）相手《あいて》に対《たい》して改《あらた》まって伝《つた》える敬語《けいご》なので、③④ともに自然《しぜん》な文《ぶん》といえるのです。

1 自己紹介《じこしょうかい》をする

初《はじ》めて会《あ》う人《ひと》と話《はな》すときに自己紹介《じこしょうかい》をします。ていねい語《ご》「です」「ます」を使《つか》った自己紹介《じこしょうかい》と、使《つか》わない自己紹介《じこしょうかい》をくらべてみましょう。

あつかう敬語《けいご》

- ていねい語《ご》
- 美化語《びかご》
- 尊敬語《そんけいご》
- けんじょう語《ご》Ⅰ
- けんじょう語《ご》Ⅱ

演《えん》じよう！

シーン 1

学年《がくねん》の初《はじ》め、教室《きょうしつ》でとなりの人《ひと》に自己紹介《じこしょうかい》をする

Let's play!

わたしの名前《なまえ》は中田《なかた》かおり。趣味《しゅみ》はピアノで、三《さん》さいのころから習《なら》っているんだ。
好《す》きな教科《きょうか》は音楽《おんがく》。
今年《ことし》の目標《もくひょう》は、水泳《すいえい》のクロールで二十五《にじゅうご》メートル泳《およ》げるようになることなの。

二《ふた》つの自己紹介《じこしょうかい》を聞《き》いて，みんなはどう思《おも》ったかな？

同《おな》じ人《ひと》が同《おな》じ内容《ないよう》を話《はな》しているのに、ふんいきがまったくちがうね。

どちらもクラスの友達《ともだち》に話《はな》しているんだよね？

1と2では、文《ぶん》の終《お》わりがちがっているね。

聞《き》く人《ひと》が大勢《おおぜい》だと、ことばづかいが変《か》わるのかな？

演《えん》じよう!
シーン2

学年《がくねん》の初《はじ》め、みんなの前《まえ》で自己紹介《じこしょうかい》をする

Let's play!

わたしの名前《なまえ》は中田《なかた》かおりです。趣《しゅ》味《み》はピアノで、三《さん》さいのころから習《なら》っています。
好《す》きな教科《きょうか》は音楽《おんがく》です。
今年《ことし》の目標《もくひょう》は、水泳《すいえい》のクロールで二十五《にじゅうご》メートル泳《およ》げるようになることです。

ていねい語《ご》「です」「ますに」気《き》をつけて、1と2を演《えん》じてみよう。

敬語博士《けいごはかせ》のなるほど講座《こうざ》

文《ぶん》の終《お》わりにていねい語《ご》の「です」「ます」をつけると、ていねいな言《い》い方《かた》になるよ!

1の場合《ばあい》は、相手《あいて》がすぐとなりにすわっている友達《ともだち》なので、「~いるんだ」「~なの」のようなふだん話《はな》しているようなことばを使《つか》っています。初《はじ》めてクラスがいっしょになった友達《ともだち》に対《たい》しては、「です」「ます」を使《つか》って少《すこ》し改《あらた》まった感《かん》じにするといいですね。
2は、学年《がくねん》の初《はじ》め、授業《じゅぎょう》の前《まえ》に一人《ひとり》ずつ前《まえ》に出《で》て自己紹介《じこしょうかい》をする場面《ばめん》です。ていねい語《ご》の「です」「ます」をつけ、気持《きも》ちをこめてていねいに話《はな》しましょう。

挑戦《ちょうせん》しよう！

シーン3

授業《じゅぎょう》の初《はじ》め、教育実習《きょういくじっしゅう》の先生《せんせい》に一人《ひとり》ずつ自己《じこ》紹介《しょうかい》をしよう

Let's try!

入《い》れる内容《ないよう》／名前《なまえ》、好《す》きな科目《かもく》、趣味《しゅみ》、今《いま》がんばっていることを伝《つた》える。

挑戦《ちょうせん》しよう！

シーン4

総合的《そうごうてき》な学習《がくしゅう》の「仕事調《しごとしら》べ」で、ケーキ屋《や》さんにインタビューするときの自己紹介《じこしょうかい》をしよう

Let's try!

入《い》れる内容《ないよう》／学校名《がっこうめい》、学年《がくねん》、組《くみ》、名前《なまえ》、教科《きょうか》と目的《もくてき》、聞《き》きたいことを伝《つた》える。

どちらの場面《ばめん》も初対《しょたい》面《めん》だから、文《ぶん》の終《お》わりは「です」「ます」がいいね。

どちらの場面《ばめん》も相手《あいて》が大人《おとな》だから、ていねいな言《い》い方《かた》になるよね。

4の自己紹介《じこしょうかい》のときは、まず初《はじ》めにあいさつをしてから、学《がっ》校名《こうめい》・学年《がくねん》・組《くみ》・名前《なまえ》の順《じゅん》に言《い》うといいと思《おも》うよ。

4は、なんの勉強《べんきょう》でインタビューに来《き》たのか説明《せつめい》したほうがいいのかな？

ほかにどんなシーンがあるのかな？

シーン5 新《あたら》しく入《はい》ったサッカーチームで自己紹介《じこしょうかい》をする

今日《きょう》からこのチームに入《はい》りました川村真《かわむらまこと》です。サッカーを始《はじ》めてまだ一年《いちねん》もたっていません。たくさん練習《れんしゅう》して、ゴールをいっぱい決《き》めたいと思《おも》います。

シーン6 最初《さいしょ》の図書委員会《としょいいんかい》で自己紹介《じこしょうかい》をする

五年一組《ごねんいちくみ》の花田《はなだ》めぐみです。趣味《しゅみ》はもちろん読書《どくしょ》です。だれでも使《つか》いやすい図書館《としょかん》にしていきたいと思《おも》っています。みなさん、いっしょにがんばりましょう。よろしくお願《ねが》いします。

「です」も「ます」も、意味《いみ》によって形《かたち》が変《か》わるんだ。「でしょう」「でした」や「ません」「ましょう」「ました」などだよ。

こんなことにも注意《ちゅうい》しよう！

1 みんなのほうを見《み》る

きちんとみんなのほうを見《み》て自己紹介《じこしょうかい》をしましょう。顔《かお》をそむけたり，うつむいたりしていると，聞《き》く人《ひと》に失礼《しつれい》な印象《いんしょう》をあたえてしまいます。

2 笑顔《えがお》で明《あか》るく話《はな》す

不安《ふあん》げな顔《かお》つきをしたり，にらみつけたりしては，聞《き》くほうも落《お》ち着《つ》きません。自然《しぜん》な笑顔《えがお》で明《あか》るく話《はな》しましょう。

3 語尾《ごび》まではっきりと話《はな》す

日本語《にほんご》は話《はなし》の終《お》わりまで聞《き》かないと，内容《ないよう》がわからないことがあります。「～ました」なのか「～ません」なのか，語尾《ごび》まではっきりと話《はな》しましょう。

2 司会《しかい》をする

司会者《しかいしゃ》は、その会《かい》にふさわしいことばづかいで司会《しかい》をします。**ていねい語《ご》**のほかにどんな**改《あらた》まったことば**を使《つか》っているか、くらべてみましょう。

あつかう敬語《けいご》
- ていねい語《ご》
- 美化語《びかご》
- 尊敬語《そんけいご》
- けんじょう語《ご》Ⅰ
- けんじょう語《ご》Ⅱ

演《えん》じよう!

シーン 1

グループ学習《がくしゅう》の話《はな》し合《あ》いで司会《しかい》をする

Let's play!

達也《たつや》 春香《はるか》さんは、ごみのリサイクルが大切《たいせつ》だって言《い》っているけど、みんなはどう?

優美《ゆみ》 わたしは賛成《さんせい》だけど、ごみをへらす方法《ほうほう》も調《しら》べたほうがいいと思《おも》う。そっちのほうが自然環境《しぜんかんきょう》を守《まも》るためには重要《じゅうよう》なんじゃない。

達也《たつや》 ごみをへらす方法《ほうほう》を調《しら》べようという意見《いけん》があったけど、春香《はるか》さん、どう思《おも》う?

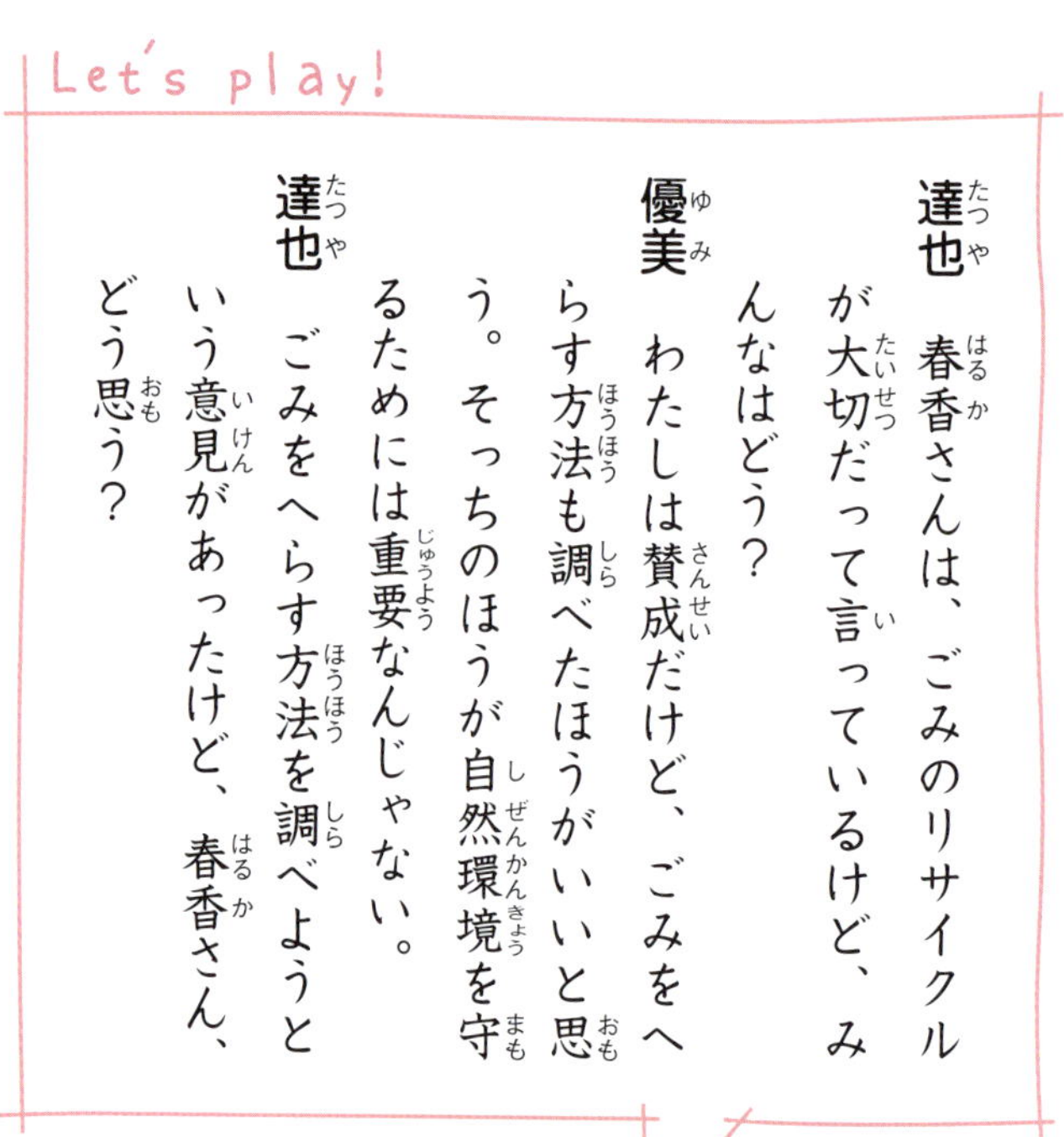

二《ふた》つのやり取《と》りを聞《き》いて、みんなはどう思《おも》ったかな?

①と②は、どちらも友達《ともだち》どうしで話《はな》しているのに、話《はな》し方《かた》はちがうね。

①の「みんな」「どう」が、②では、「みなさん」「いかが」に変《か》わっているね。

②では、自分《じぶん》の意見《いけん》を述《の》べるときは、最後《さいご》に「~と思《おも》います」と言《い》っているね。

学級討論会《がっきゅうとうろんかい》では、いつも敬語《けいご》を使《つか》って話《はな》さないといけないのかな?

演《えん》じよう！

シーン2

学級討論会《がっきゅうとうろんかい》で司会《しかい》をする

Let's play!

達也《たつや》　春香《はるか》さんから、ごみのリサイクルが大切《たいせつ》だという意見《いけん》がありましたが、みなさん、いかがですか？

優美《ゆみ》　わたしは賛成《さんせい》ですが、ごみをへらす方法《ほうほう》についても調《しら》べたほうがいいと思《おも》います。そのほうが自然《しぜん》環境《かんきょう》を守《まも》るためには重要《じゅうよう》なことだと思《おも》います。

達也《たつや》　優美《ゆみ》さんから、ごみをへらす方《ほう》法《ほう》について調《しら》べようという意見《いけん》がありましたが、春香《はるか》さんはどう思《おも》いますか？

改《あらた》まったことば

改《あらた》まったことばに気《き》をつけて、1と2を演《えん》じてみよう。

敬語博士《けいごはかせ》のなるほど講座《こうざ》

学級討論会《がっきゅうとうろんかい》のような場《ば》では、改《あらた》まったことばづかいで話《はな》すといいね！

1のような少人数《しょうにんずう》の話《はな》し合《あ》いでは、ふだんどおりのことばで司会《しかい》をしたほうが、意見《いけん》が出《で》やすいかもしれません。ただし、雑談《ざつだん》にならないように注意《ちゅうい》しましょう。

いっぽう、2のような討論会《とうろんかい》では、司《し》会者《かいしゃ》はいろいろな意《い》見《けん》を取《と》りまとめ、だれもが納得《なっとく》できる結《けつ》論《ろん》を出《だ》す必要《ひつよう》があります。そのためには、ていねい語《ご》のほかに、「みなさん」「いかが」のように改《あらた》まった言《い》い方《かた》をするとよいでしょう。

挑戦《ちょうせん》しよう!

シーン 3 転校生歓迎会《てんこうせいかんげいかい》の司会《しかい》をしよう

Let's try!

入《い》れる内容《ないよう》／転校生《てんこうせい》をクラスの友達《ともだち》に紹介《しょうかい》する。自己紹介《じこしょうかい》をお願《ねが》いする。

挑戦《ちょうせん》しよう!

シーン 4 帰《かえ》りの会《かい》の司会《しかい》をしよう

Let's try!

入《い》れる内容《ないよう》／理科係《りかがかり》に連絡事項《れんらくじこう》を発表《はっぴょう》するようにお願《ねが》いする。

どちらも改《あらた》まった場《ば》だから、「です」「ます」を使《つか》って、ていねいなことばにしたほうがいいと思《おも》うけど。

3は、転校生《てんこうせい》があまり緊張《きんちょう》しないような話《はな》し方《かた》にするといいと思《おも》うな。

どちらも、クラスの友《とも》達《だち》しかいなくても、ていねいなことばで話《はな》したほうがいいのかな?

どちらも、だれかを指名《しめい》して、なにかを話《はな》してもらうんだから、「お願《ねが》いします」と言《い》うといいね。

ほかにどんなシーンがあるのかな？

シーン5 卒業生《そつぎょうせい》を送《おく》る会《かい》で司会《しかい》をする

六年生《ろくねんせい》のみなさん、ご卒業《そつぎょう》おめでとうございます。今《いま》まで、わたくしたち下級生《かきゅうせい》に親切《しんせつ》にしてくれたことはわすれません。ありがとうございました。感謝《かんしゃ》の気持《きも》ちをこめて合唱《がっしょう》します。どうぞ聞《き》いてください。

改《あらた》まったことば

シーン6 児童会《じどうかい》で司会《しかい》をする

「最近《さいきん》、ろう下《か》を走《はし》っている人《ひと》が多《おお》い。」という意見《いけん》がありましたが、どうすればろう下《か》を走《はし》らないようになるか、みなさんと話《はな》し合《あ》いたいと思《おも》います。意見《いけん》のある方《かた》はいますか？

改《あらた》まったことば

「みんな」や「わたしたち」の代《か》わりに、「みなさん」や「わたくしたち」といったことばを使《つか》うと改《あらた》まったふんいきがでるよ。

こんなことにも注意《ちゅうい》しよう！

1 感謝《かんしゃ》のことばをわすれずに

なかなか意見《いけん》が出《で》ないために，会議《かいぎ》が進《すす》まなくなることがあります。司会者《しかいしゃ》が出席者《しゅっせきしゃ》に意見《いけん》を求《もと》めたり，進行《しんこう》に協力《きょうりょく》してもらったりしたときは，「ありがとうございます」という感謝《かんしゃ》のことばをわすれずに言《い》いましょう。

2 見回《みまわ》しながら話《はな》す

出席者全員《しゅっせきしゃぜんいん》に向《む》かって話《はなし》をするときには，目《め》の前《まえ》にいる人《ひと》だけでなく，後《うし》ろのほうの人《ひと》も見《み》るようにしましょう。特定《とくてい》の人《ひと》ばかり見《み》るのではなく，会場全体《かいじょうぜんたい》を見回《みまわ》しながら話《はな》すといいでしょう。

3 身内《みうち》と話《はな》す・お店《みせ》の人《ひと》と話《はな》す

身内《みうち》と話《はな》すときとお店《みせ》の人《ひと》と話《はな》すときでは、ことばづかいが異《こと》なります。ていねい語《ご》と美化語《びかご》を使《つか》ったシーンと、使《つか》わないシーンをくらべてみましょう。

あつかう敬語《けいご》
- ていねい語《ご》 美化語《びかご》
- 尊敬語《そんけいご》
- けんじょう語《ご》Ⅰ けんじょう語《ご》Ⅱ

演《えん》じよう！

シーン 1

家《いえ》でおばあちゃんに薬《くすり》の場所《ばしょ》を聞《き》く

Let's play!

真弓《まゆみ》　ねえ、おばあちゃん。かぜ引《ひ》いちゃったみたいなんだけど、薬《くすり》どこにあったっけ？

おばあちゃん　かぜ薬《ぐすり》なら、ここにあるよ。どうしたの？　熱《ねつ》があるの？

真弓《まゆみ》　ううん。熱《ねつ》はないけど、鼻水《はなみず》が止《と》まらないの。

おばあちゃん　じゃあ、この薬《くすり》がいいよ。はい。

真弓《まゆみ》　ありがとう。

二《ふた》つのやり取《と》りを聞《き》いて，みんなはどう思《おも》ったかな？

1と2は、話《はな》し方《かた》が全然《ぜんぜん》ちがうね。

お店《みせ》の人《ひと》に対《たい》しても、おばあちゃんと同《おな》じように話《はな》してはだめなのかな？

2は、真弓《まゆみ》さんもお店《みせ》の人《ひと》も改《あらた》まった話《はな》し方《かた》をしているね。

2は、「薬《くすり》」が「お薬《くすり》」になっているよ。

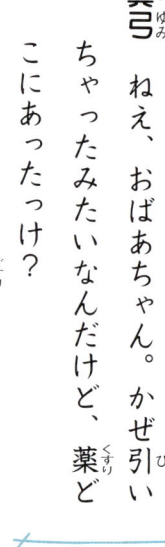

演《えん》じよう！

シーン2

薬局《やっきょく》で薬《くすり》を買《か》う

Let's play!

真弓《まゆみ》　すみません。かぜを引《ひ》いてしまったみたいなので、お薬《くすり》がほしいのですが……。

お店《みせ》の人《ひと》（たなを指《ゆび》さして）かぜ薬《ぐすり》はこちらにありますが、どんな症状《しょうじょう》ですか？　熱《ねつ》ですか？

真弓《まゆみ》　いいえ、熱《ねつ》はないのですが、鼻水《はなみず》が止《と》まらないんです。

お店《みせ》の人《ひと》　それでは、こちらのお薬《くすり》がいいと思《おも》います。

美化語《びかご》に気《き》をつけて、1と2を演《えん》じてみよう。

敬語博士《けいごはかせ》のなるほど講座《こうざ》

ものの名前《なまえ》の前《まえ》に「お」や「ご」をつけて美化語《びかご》にすると、きれいな言《い》い方《かた》になるんだよ！

1は身内《みうち》なので敬《けい》語《ご》を使《つか》っていません。

2では、真弓《まゆみ》さんは、ていねい語《ご》を使《つか》った礼《れい》儀正《ぎただ》しいことばづかいでお店《みせ》の人《ひと》と話《はな》しています。お店《みせ》の人《ひと》も、真《ま》弓《ゆみ》さんはお客様《きゃくさま》なので、ていねいな話《はな》し方《かた》で接《せっ》しています。

また、2の「お薬《くすり》」のように、ものの名前《なまえ》に「お」や「ご」をつけて、きれいに表《あらわ》したことばを美化語《びかご》といいます。「薬《くすり》」よりやさしい感《かん》じがします。ただ、使《つか》いすぎると不自《ふし》然《ぜん》な印象《いんしょう》をあたえるので注意《ちゅうい》しましょう。

挑戦《ちょうせん》しよう!

シーン 3

ホテルのレストランで注文《ちゅうもん》しよう

Let's try!

母《はは》　今日《きょう》のランチはなんですか?

お店《みせ》の人《ひと》　はい。ランチは二種類《にしゅるい》ございまして、肉料理《にくりょうり》か魚料理《さかなりょうり》が選《えら》べます。

母《はは》　陽子《ようこ》、どっちにする?

陽子《ようこ》　ア

入《い》れる内容《ないよう》／肉《にく》と魚《さかな》はどんな料理《りょうり》かきく。

お店《みせ》の人《ひと》　はい。本日《ほんじつ》の肉料理《にくりょうり》はきのこの和風《わふう》ハンバーグで、魚料理《さかなりょうり》はカジキマグロのソテーでございます。

陽子《ようこ》　イ

入《い》れる内容《ないよう》／肉料理《にくりょうり》を注文《ちゅうもん》する。

お店《みせ》の人《ひと》　はい、かしこまりました。

ホテルのレストランは、なんだか高級《こうきゅう》そうで緊張《きんちょう》するよね。

「お」や「ご」をつけてもいいのは、どんなことばかな?

お店《みせ》の人《ひと》のことばづかいに合《あ》わせて、お客《きゃく》の言《い》い方《かた》もふだんとはちがってくるね。

イで注文《ちゅうもん》するときは、「~にします」とか、「~をください」のように言《い》うといいね。

ほかにどんなシーンがあるのかな？

シーン4　ファミリーレストランでおかわりする

真二《しんじ》　すみません、ご飯《はん》のおかわりはできますか。

お店《みせ》の人《ひと》　はい、どうぞ。

父《ちち》　それと、コーヒーをもう一杯《いっぱい》いいですか。

お店《みせ》の人《ひと》　はい。かしこまりました。

シーン5　お店《みせ》でトイレの場所《ばしょ》をたずねる

久美《くみ》　すみません、お手洗《てあら》いはどこですか？

お店《みせ》の人《ひと》　はい、こちらをまっすぐ進《すす》んで、つき当《あ》たりを右《みぎ》に行《い》くとありますよ。

「ご飯《はん》」「お手洗《てあら》い」とは言《い》うけれど、「おコーヒー」とは言《い》わないんだよ。

こんなことにも注意《ちゅうい》しよう！

● あいさつをする

お肉屋《にくや》さんや八百屋《やおや》さんなど、個人《こじん》のお店《みせ》で買《か》い物《もの》をするときは、一声《ひとこえ》かけてから入《はい》るといいですね。お店《みせ》の人《ひと》はどんなあいさつを返《かえ》してくれるでしょう。

●お客《きゃく》のあいさつ
「こんにちは」「こんばんは」
「すみません」　など

●お店《みせ》の人《ひと》のあいさつ
「いらっしゃい」「まいど」
「いらっしゃいませ」　など

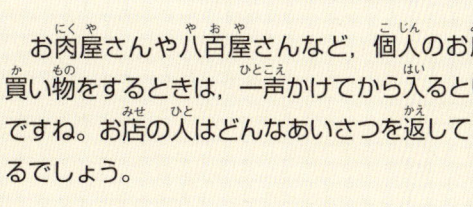

4 インタビューをする

インタビューをするときは、ことばづかいのほかにも相手《あいて》を気《き》づかうことが大切《たいせつ》です。あいさつや自己紹介《じこしょうかい》のしかたが異《こと》なるインタビューをくらべてみましょう。

あつかう敬語《けいご》

- ていねい語《ご》
- 美化語《びかご》
- 尊敬語《そんけいご》
- けんじょう語《ご》Ⅰ
- けんじょう語《ご》Ⅱ

演《えん》じよう！ シーン1 宿題《しゅくだい》で、親戚《しんせき》のおじさんにインタビューをする

Let's play!

広幸《ひろゆき》 おじさん、インタビューの宿題《しゅくだい》があるんだけど、きいてもいい？

おじ いいよ。なに？

広幸《ひろゆき》 おじさんは、どうしてお花屋《はなや》さんになったの？

おじ もともと家《いえ》が花屋《はなや》だったろう。だから、小《ちい》さいころから見《み》ていたし、花《はな》って、人《ひと》をはげましたり、ほっとさせたりできるのがいいなと思《おも》ったんだ。

広幸《ひろゆき》 おじさんのお店《みせ》って、何年続《なんねんつづ》いているの？

おじ もう三十年《さんじゅうねん》になるよ。

二《ふた》つのインタビューを聞《き》いて，みんなはどう思《おも》ったかな？

相手《あいて》が初《はじ》めて会《あ》う人《ひと》だと、ことばづかいがちがうのかな？

①の広幸《ひろゆき》さんは、気軽《きがる》な感《かん》じでインタビューをしているね。

②で広幸《ひろゆき》さんは、ちゃんと自己紹介《じこしょうかい》をしているね。

②では、きちんとあいさつをしているから、気持《きも》ちよく答《こた》えてもらえているんだね。

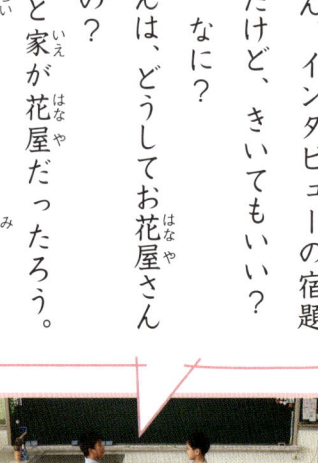

演《えん》じよう！

シーン2

お花屋《はなや》さんでインタビューをする

Let's play!

広幸《ひろゆき》　こんにちは。わたしは先日《せんじつ》お電《でん》話《わ》しました青山小学校《あおやましょうがっこう》五年《ごねん》二組《にくみ》の山崎広幸《やまざきひろゆき》です。今日《きょう》は、どうぞよろしくお願《ねが》いします。

お花屋《はなや》さん　よろしくお願《ねが》いします。

広幸《ひろゆき》　まず最初《さいしょ》の質問《しつもん》ですが、どうしてお花屋《はなや》さんになろうと思《おも》ったのですか？

お花屋《はなや》さん　わたしの父《ちち》がこの店《みせ》を始《はじ》めまして、小《ちい》さいころから見《み》ていました。花《はな》で人《ひと》をはげましたり、ほっとさせたりできるのがすてきだと思《おも》ったんです。

広幸《ひろゆき》　そうなんですか。このお店《みせ》は何《なん》年続《ねんつづ》いているのですか？

お花屋《はなや》さん　もう三十年《さんじゅうねん》になりますね。

あいさつや自己紹介《じこしょうかい》

あいさつや自己紹介《じこしょうかい》に気《き》をつけて、1と2を演《えん》じてみよう。

山崎広幸です。

おじさん、インタビューしてもいい？

敬語博士《けいごはかせ》のなるほど講座《こうざ》

インタビューをするときは、最初《さいしょ》にあいさつと自己紹介《じこしょうかい》をすることが大切《たいせつ》だよ！

1は、相手《あいて》が親《した》しい親戚《しんせき》のおじさんなので、ふだんどおりの話《はな》し方《かた》をしています。でも、インタビューをしてもよいかどうか、最初《さいしょ》にことわっています。2は、相手《あいて》が初対《しょたい》面《めん》の大人《おとな》なので、初《はじ》めに礼儀正《れいぎただ》しいことばづかいで、きちんとあいさつと自己紹《じこしょう》介《かい》をしています。インタビューをするときには、このようにあいさつや自己紹介《じこしょうかい》をすると、相手《あいて》に気《き》持《も》ちよく答《こた》えてもらえます。

挑戦《ちょうせん》しよう!
シーン3

校長先生《こうちょうせんせい》にインタビューをしよう

Let's try!

児童《じどう》ア　**入《い》れる内容《ないよう》**／あいさつ。自己紹介《じこしょうかい》。学級新聞《がっきゅうしんぶん》にのせるためにインタビューに来《き》たと告《つ》げる。

校長先生《こうちょうせんせい》　いいですよ。

児童《じどう》イ　**入《い》れる内容《ないよう》**／校長先生《こうちょうせんせい》の趣味《しゅみ》をきく。

校長先生《こうちょうせんせい》　わたしは歴史《れきし》が好《す》きで、休《やす》みの日《ひ》はよく、町《まち》の古《ふる》い建物《たてもの》や、遺跡《いせき》を見《み》に行《い》きます。

児童《じどう》ウ　**入《い》れる内容《ないよう》**／いちばん好《す》きな学校行事《がっこうぎょうじ》とその理由《りゆう》をきく。

校長先生《こうちょうせんせい》　入学式《にゅうがくしき》が好《す》きですね。桜《さくら》の季節《きせつ》に大《おお》きなランドセルを背負《せお》った新入生《しんにゅうせい》を見《み》ると、わたしもがんばろうと思《おも》うんですよ。

インタビューをする相手《あいて》が校長先生《こうちょうせんせい》だと、どんなことばづかいできくといいのかな?

あいさつといっしょに自己紹介《じこしょうかい》もしたほうがいいね。

イとウは、いきなり質問《しつもん》するよりも、「まず初《はじ》めに」「次《つぎ》に」などと言《い》ってから質問《しつもん》したらいいと思《おも》うな。

理由《りゆう》をきくときは、「なんですか」よりも「なぜですか」と言《い》ったほうが改《あらた》まった感《かん》じがするね。

ほかにどんなシーンがあるのかな？

シーン4 お店《みせ》へインタビューに行《い》って、中《なか》に入《はい》るときのあいさつ

失礼《しつれい》します。おはようございます。第三小学校《だいさんしょうがっこう》の山本和美《やまもとかずみ》といいます。今日《きょう》はよろしくお願《ねが》いします。

あいさつや自己紹介《じこしょうかい》

シーン5 インタビューが終《お》わって帰《かえ》るときのあいさつ

おいそがしいところ、長《なが》い時間《じかん》ありがとうございました。それでは、これで失礼《しつれい》します。

あいさつや自己紹介《じこしょうかい》

あいさつのことばには、いろいろあることがわかるね。インタビューでは、お願《ねが》いする言《い》い方《かた》やお礼《れい》の言《い》い方《かた》を知《し》っておくといいよ。

こんなことにも注意《ちゅうい》しよう！

1 相手《あいて》の目《め》を見《み》て話《はな》す

インタビューでは，ことばづかいだけでなく，態度《たいど》も大切《たいせつ》なポイントです。きちんとした姿勢《しせい》で，相手《あいて》の目《め》のあたりを見《み》ながら話《はな》すようにしましょう。

2 質問《しつもん》はわかりやすく

ことばづかいばかりていねいでも，なにをききたいのかはっきりしない質問《しつもん》は相手《あいて》をこまらせます。あらかじめ，質問《しつもん》をノートにまとめておくとよいでしょう。

3 聞《き》くときは相《あい》づちを打《う》つ

相手《あいて》の話《はなし》をきちんと聞《き》いてから話《はな》しましょう。話《はなし》の大事《だいじ》なところで相《あい》づちを打《う》つと，ちゃんと聞《き》いているということが相手《あいて》に伝《つた》わります。

5 来客《らいきゃく》と話《はな》す

お客様《きゃくさま》と話《はな》すときは、改《あらた》まったことばづかいをします。**尊敬語《そんけいご》**を使《つか》ったやり取《と》りと、使《つか》わないやり取《と》りをくらべてみましょう。

あつかう敬語《けいご》
- ていねい語《ご》
- 美化語《びかご》
- **尊敬語《そんけいご》**
- けんじょう語《ご》Ⅰ
- けんじょう語《ご》Ⅱ

演《えん》じよう！ シーン 1

保護者会《ほごしゃかい》に来《き》た友達《ともだち》のお母《かあ》さんを、教室《きょうしつ》へ案内《あんない》する

Let's play!

由利《ゆり》　こんにちは。保護者会《ほごしゃかい》へ行《い》くんですか？

友達《ともだち》の母《はは》　あら、由利《ゆり》ちゃんじゃない。ちょうどよかった。五年一組《ごねんいちくみ》の教室《きょうしつ》にはどう行《い》けばいいのかな？

由利《ゆり》　教室《きょうしつ》は三階《さんがい》に上《あ》がって、右《みぎ》に曲《ま》がった三《みっ》つ目《め》にあります。

友達《ともだち》の母《はは》　ええっと、階段《かいだん》はどこかしら……。

由利《ゆり》　それでは案内《あんない》します。いっしょに行《い》きましょう。

友達《ともだち》の母《はは》　ありがとう。助《たす》かるわ。

二《ふた》つのやり取《と》りを聞《き》いて，みんなはどう思《おも》ったかな？

1は、友達《ともだち》のお母《かあ》さんだから、いつもどおりに話《はな》しているね。

2の「いらっしゃる」は、「行《い》く」っていう意味《いみ》かな？

2の先生《せんせい》は、ほかの学校《がっこう》の先生《せんせい》なんだね。

2の先生《せんせい》の話《はな》し方《かた》は、1の友達《ともだち》のお母《かあ》さんよりもていねいだね。

演《えん》じよう！ シーン2

ほかの学校《がっこう》の先生《せんせい》を、研究会《けんきゅうかい》の会場《かいじょう》に案《あん》内《ない》する

Let's play!

由利《ゆり》（迷《まよ》っている先生《せんせい》を見《み》つけて）研究会《けんきゅうかい》にいらっしゃるんですか？

先生《せんせい》 ええ、音楽室《おんがくしつ》ですよね。どう行《い》ったらいいのか教《おし》えてくれますか？

由利《ゆり》 音楽室《おんがくしつ》は、この先《さき》を右《みぎ》に曲《ま》がって、階段《かいだん》を二階《にかい》に上《あ》がると右側《みぎがわ》にあります。

先生《せんせい》 えっと、その先《さき》を右《みぎ》で……。

由利《ゆり》 こちらです。どうぞ。

先生《せんせい》 ありがとう。助《たす》かります。

尊敬語《そんけいご》に気《き》をつけて、1と2を演《えん》じてみよう。

敬語博士《けいごはかせ》のなるほど講座《こうざ》

相手《あいて》の動作《どうさ》を高《たか》めて表《あらわ》すときは、尊敬語《そんけいご》を使《つか》うんだよ！

1は、ていねい語《ご》を使《つか》って話《はな》しています。ただ、よく知《し》っている親《した》しい友達《ともだち》のお母《かあ》さんなので、「行《い》くんですか」「行《い》きましょう」のように、あまりかた苦《くる》しくない言《い》い方《かた》をしています。

2は、先生《せんせい》の動作《どうさ》を「いらっしゃる」という尊敬語《そんけいご》で表《あらわ》しています。ほかの学校《がっこう》から来《き》たお客様《きゃくさま》なので、礼《れい》儀正《ぎただ》しい話《はな》し方《かた》をしています。また、この場合《ばあい》は「行《い》く」という意味《いみ》ですが、「来《く》る」「いる」の意味《いみ》でも使《つか》われます。

挑《ちょう》戦《せん》しよう!
シーン3

休日《きゅうじつ》に家《いえ》を訪《たず》ねてきた父《ちち》の会社《かいしゃ》の人《ひと》に対応《たいおう》しよう

Let's try!

（ピンポーン）

美加《みか》　はい。（インターホンに出《で》る）

田中《たなか》　こんにちは。山川商事《やまかわしょうじ》の田中《たなか》といいますが、お父様《とうさま》はいらっしゃいますか？　今日《きょう》二時《にじ》のお約束《やくそく》だったのですが。

美加《みか》　はい、少《すこ》しお待《ま》ちください。

（父《ちち》に向《む》かって）

入《い》れる内容《ないよう》／父《ちち》に、会社《かいしゃ》の田中《たなか》という人《ひと》が、二時《にじ》の約束《やくそく》で来《き》たことを伝《つた》える。

父《ちち》　わかった。わたしが行《い》くよ。……

やあ、お待《ま》ちしていましたよ。どうぞこちらへ。

お客様《きゃくさま》に「待《ま》っていて」とたのむときは、「お待《ま》ちください」って言《い》うんだ。

田中《たなか》さんのことばの「いらっしゃいますか」は「いるか」という意味《いみ》だよね。

「田中《たなか》さんという人《ひと》」の「いう」や「人《ひと》」は、どう言《い》ったらいいのかな?

「来《く》る（来《き》た）」の尊敬《そんけい》語《ご》には、いろんな言《い》い方《かた》があるよね。「いらっしゃる」「おこしになる」「お見《み》えになる」などがそうだね。

ほかにどんなシーンがあるのかな？

シーン4 家《いえ》を訪《たず》ねてきた母《はは》の友人《ゆうじん》に、お茶《ちゃ》とおかしを出《だ》す

絵美《えみ》　こんにちは。

母《はは》の友人《ゆうじん》　こんにちは。絵美《えみ》ちゃん、久《ひさ》しぶりね。

絵美《えみ》　そうですね。去年《きょねん》の旅行《りょこう》のとき以来《いらい》ですよね。（お茶《ちゃ》とおかしを出《だ》して）どうぞめし上《あ》がってください。母《はは》は、すぐに来《き》ます。

母《はは》の友人《ゆうじん》　ありがとう。

お客様《きゃくさま》が「食《た》べる」「飲《の》む」は、「めし上《あ》がる」という尊敬語《そんけいご》を使《つか》うんだよ。

こんなことにも注意《ちゅうい》しよう！

1 まず相手《あいて》の言《い》うことをよく聞《き》く

お客様《きゃくさま》は，なにか用事《ようじ》があって訪《たず》ねてきています。どんな用事《ようじ》なのかをしっかり聞《き》いてから答《こた》えるようにしましょう。

2 聞《き》こえていなくても敬語《けいご》を使《つか》う

来客《らいきゃく》を家《いえ》の人《ひと》に伝《つた》えるときは，「～さんが来《き》たよ」ではなく「～さんがいらっしゃったよ」と言《い》いましょう。お客《きゃく》様《さま》に聞《き》こえなくても，ていねいに話《はな》すことが大切《たいせつ》です。

3 表情《ひょうじょう》や動作《どうさ》にも気《き》をつける

表情《ひょうじょう》や動作《どうさ》にお客様《きゃくさま》をうやまう気持《きも》ちがこもっていなければ，せっかくの敬語《けいご》も台《だい》なしです。礼儀《れいぎ》正《ただ》しく来客《らいきゃく》の対応《たいおう》をしましょう。

6 校内放送《こうないほうそう》をする

校内放送《こうないほうそう》には、児童向《じどうむ》けのものと大人向《おとなむ》けのもの、また両方《りょうほう》に向《む》けたものがあります。**尊敬語**《そんけいご》を使《つか》った放送《ほうそう》をくらべてみましょう。

あつかう敬語《けいご》

ていねい語《ご》
美化語《びかご》

尊敬語《そんけいご》

けんじょう語《ご》Ⅰ
けんじょう語《ご》Ⅱ

演《えん》じよう！

シーン1

運動会《うんどうかい》で、放送委員《ほうそういいん》が児童《じどう》に向《む》けて放送《ほうそう》する

Let's play!

全校児童《ぜんこうじどう》にお知《し》らせします。
全学年《ぜんがくねん》つな引《ひ》きに出場《しゅつじょう》する選手《せんしゅ》は、入場門《にゅうじょうもん》の横《よこ》に集《あつ》まってください。
くり返《かえ》します。
全学年《ぜんがくねん》つな引《ひ》きに出場《しゅつじょう》する選手《せんしゅ》は、入場門《にゅうじょうもん》の横《よこ》に集《あつ》まってください。

二《ふた》つの校内放送《こうないほうそう》を聞《き》いて、みんなはどう思《おも》ったかな？

どちらもたくさんの人《ひと》に向《む》けた放送《ほうそう》だからていねいなんだね。

「出場《しゅつじょう》する」と「出《しゅつ》場《じょう》される」はどうちがうのかな？

1は児童《じどう》に向《む》けた放送《ほうそう》だけど、「です」「ます」を使《つか》っていて、改《あらた》まった感《かん》じがするね。

2は、運動会《うんどうかい》に来《き》ている大人《おとな》に聞《き》いてもらうための放《ほう》送《そう》なんだね。

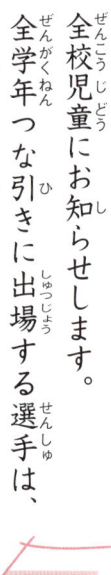

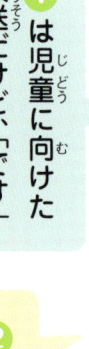

演じよう!

シーン 2

運動会《うんどうかい》で、放送委員《ほうそういいん》が保護者《ほごしゃ》に向《む》けて放送《ほうそう》する

Let's play!

保護者《ほごしゃ》のみな様《さま》にお知《し》らせします。PTA《ピーティーエー》さん参加競技《かきょうぎ》のつな引《ひ》きに出場《しゅつじょう》される方《かた》は、入場門《にゅうじょうもん》の横《よこ》にお集《あつ》まりください。

くり返《かえ》します。PTA《ピーティーエー》さん参加競技《かきょうぎ》のつな引《ひ》きに出場《しゅつじょう》される方《かた》は、入場門《にゅうじょうもん》の横《よこ》にお集《あつ》まりください。

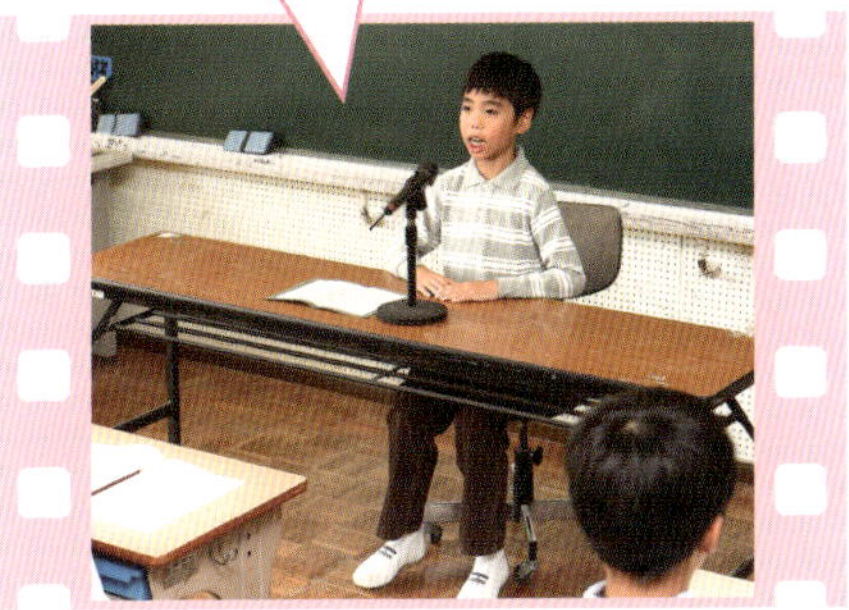

尊敬語《そんけいご》に気《き》をつけて、1と2を演《えん》じてみよう。

敬語博士《けいごはかせ》のなるほど講座《こうざ》

尊敬語《そんけいご》には、決《き》まった敬語《けいご》の形式《しき》で使《つか》うものがあるんだよ!

尊敬語《そんけいご》には、「出場《しゅつじょう》される」のように「れる(られる)」をつけたもの、「お集《あつ》まりください」のように「お(ご)〜ください」となるものなど、決《き》まった敬語《けいご》の形式《けいしき》で使《つか》うものがあります。

また、1は児童《じどう》に向《む》けた放送《ほうそう》ですが、先生《せんせい》など大人《おとな》も大勢《おおぜい》聞《き》いています。校内放送《こうないほうそう》という改《あらた》まった場《ば》なので、ていねい語《ご》「ます」や尊敬語《そんけいご》「〜てください」を使《つか》っています。2は、大人向《おとなむ》けの放送《ほうそう》なので、尊敬語《そんけいご》を使《つか》ってより改《あらた》まった言《い》い方《かた》をしています。

挑戦《ちょうせん》しよう!

シーン3 保健委員《ほけんいいん》に向《む》けて放送《ほうそう》しよう

入《い》れる内容《ないよう》／「今日《きょう》の放課後《ほうかご》に委員会《いいんかい》を行《おこな》う。午後三時半《ごごさんじはん》になったら会議室《かいぎしつ》に集《あつ》まってほしい。」という内容《ないよう》を伝《つた》える。

Let's try!

挑戦《ちょうせん》しよう!

シーン4 運動会《うんどうかい》で、保護者《ほごしゃ》に向《む》けて放送《ほうそう》しよう

入《い》れる内容《ないよう》／「昼食《ちゅうしょく》と休《きゅう》けいのために体育館《たいいくかん》を使《つか》うことができる。午後《ごご》のプログラムは一時《いちじ》から始《はじ》まるので、それまでに校庭《こうてい》にもどってほしい。」という内容《ないよう》を伝《つた》える。

Let's try!

③は、児童《じどう》が児童《じどう》に向《む》けて放送《ほうそう》しているんだよね。

③は、「集《あつ》まってほしい」を尊敬語《そんけいご》を使《つか》って言《い》うと、どうなるのかな？

④は、「使《つか》うことができる」を大人《おとな》に言《い》うとき、どう言《い》うといいのかな？

④で、「校庭《こうてい》にもどってほしい」は、尊敬語《そんけいご》を使《つか》うとどんな言《い》い方《かた》になるんだろう。

ほかにどんなシーンがあるのかな？

シーン5 放送委員《ほうそういいん》が、図書委員《としょいいん》からのお知《し》らせを放送《ほうそう》する

図書委員《としょいいん》から児童《じどう》のみなさんにお知《し》らせです。

今年《ことし》の三月《さんがつ》で東小学校《ひがししょうがっこう》をおやめになった川西一郎先生《かわにしいちろうせんせい》が、先月《せんげつ》絵本《えほん》を出版《しゅっぱん》されました。本《ほん》の名前《まえ》は『世界《せかい》を旅《たび》したひよこのピッピ』です。川西先生《かわにしせんせい》が、絵《え》と文章《ぶんしょう》をおかきになりました。とてもかわいらしくて楽《たの》しい絵本《えほん》です。

この絵本《えほん》が、昨日《きのう》図書館《としょかん》に入《はい》りました。興味《きょうみ》のある方《かた》は、借《か》りて読《よ》んでください。

くり返《かえ》します。……

川西先生《かわにしせんせい》を立《た》てて、先生《せんせい》の「やめる」「出版《しゅっぱん》する」「かく」などの動作《どうさ》に尊敬《そんけい》語《ご》を使《つか》っているんだね。

こんなことにも注意《ちゅうい》しよう！

1 聞《き》きやすい速《はや》さで話《はな》す

校内放送《こうないほうそう》は，話《はな》す人《ひと》の顔《かお》が見《み》えません。聞《き》く人《ひと》の立場《たちば》に立《た》って，聞《き》き取《と》りやすい速《はや》さで話《はな》すことを心《こころ》がけましょう。

2 大事《だいじ》なことはくり返《かえ》す

大事《だいじ》なことや必《かなら》ず伝《つた》えなければいけないことは，聞《き》きもらしがないように，くり返《かえ》し放送《ほうそう》するようにしましょう。

3 内容《ないよう》に合《あ》った話《はな》し方《かた》

楽《たの》しいことは明《あか》るい声《こえ》で放送《ほうそう》し，まじめな内容《ないよう》は落《お》ち着《つ》いた声《こえ》でというように，内容《ないよう》によって声《こえ》の調子《ちょうし》を変《か》えましょう。

7 親《した》しい人《ひと》と話《はな》す・親《した》しくない人《ひと》と話《はな》す

あつかう敬語《けいご》

ていねい語《ご》
美化語《びかご》

尊敬語《そんけいご》

けんじょう語《ご》Ⅰ
けんじょう語《ご》Ⅱ

初《はじ》めて会《あ》った人《ひと》などと話《はな》すときには、ことばづかいにも気配《きくば》りが必要《ひつよう》です。けんじょう語《ご》Ⅰを使《つか》ったシーンと使《つか》わないシーンをくらべてみましょう。

演《えん》じよう！

シーン 1

二組《にくみ》の友美《ともみ》が、三組《さんくみ》の友達《ともだち》と話《はな》す

Let's play!

友美《ともみ》　ねえ、若菜《わかな》さんいる？　本《ほん》を返《かえ》しに来《き》たんだけどね。

真由《まゆ》　うん、いると思《おも》うよ。ちょっと待《ま》っててね。

（若菜《わかな》を呼《よ》びに行《い》く。）

真由《まゆ》　今《いま》までいたんだけど、校庭《こうてい》に遊《あそ》びに行《い》っちゃったみたい。

友美《ともみ》　そうなんだ。じゃ、また来《く》るね。

二《ふた》つのやり取《と》りを聞《き》いて，みんなはどう思《おも》ったかな？

1は前《まえ》から知《し》っている人《ひと》、2は初《はじ》めて会《あ》う人《ひと》との会話《かいわ》なのかな？

1の「ねえ」が、2では「こんにちは」に変《か》わっているね。

1の「来《き》た」「来《く》る」が、2では「うかがいました」「うかがいます」になっているね。

2では、若菜《わかな》さんのお姉《ねえ》さんも、友美《ともみ》さんに対《たい》して、ていねいなことばづかいをしているね。

演《えん》じよう!
シーン2

友美《ともみ》が、友達《ともだち》の家《いえ》の人《ひと》と話《はな》す

Let's play!

友美《ともみ》 こんにちは。山田《やまだ》といいますが、若菜《わかな》さんはいますか? 借《か》りていた本《ほん》を返《かえ》しにうかがいました。

若菜《わかな》の姉《あね》 そうですか、ちょっとお待《ま》ちください。
(若菜《わかな》を呼《よ》びに行《い》く。)

若菜《わかな》の姉《あね》 今《いま》までいたんですが、どこかに遊《あそ》びに行《い》ってしまったみたいなんです。

友美《ともみ》 そうですか。では、またあとでうかがいます。

けんじょう語《ご》Ⅰの「うかがう」に気《き》をつけて、①と②を演《えん》じてみよう。

敬語博士《けいごはかせ》のなるほど講座《こうざ》

自分《じぶん》の動作《どうさ》を敬語《けいご》にする場合《ばあい》は、けんじょう語《ご》Ⅰを使《つか》って相手《あいて》を高《たか》めるんだよ!

本を返しにうかがいました。

ちょっとうかがいますが、駅はどこですか。
信号を右にまがったところです。

①は、友達《ともだち》どうしの会話《かいわ》なので、敬語《けいご》を使《つか》っていません。いっぽう②は、親《した》しくない人《ひと》が相手《あいて》なので、ていねい語《ご》だけでなく、相手《あいて》を立《た》てるけんじょう語《ご》Ⅰを使《つか》っています。

②の「うかがう」は、自分《じぶん》が「訪《たず》ねる」ことを表《あらわ》すけんじょう語《ご》Ⅰです。けんじょう語《ご》Ⅰには、向《む》かう先《さき》を高《たか》める働《はたら》きがあります。また、「うかがう」は、「訪《たず》ねる」のほかに「行《い》く」「たずねる(質《しつ》問《もん》する)」という意《い》味《み》でも使《つか》われます。

挑戦《ちょうせん》しよう！
シーン 3

歯医者《はいしゃ》さんに、次《つぎ》の通院日《つういんび》を変《か》えてもらう電話《でんわ》をしよう

Let's try!

入《い》れる内容《ないよう》／自分《じぶん》の名前《なまえ》と、「あした四時《よじ》に行《い》く予定《よてい》だったが、用事《ようじ》ができたため、日時《にちじ》を変《か》えてほしい。」ということをお願《ねが》いする。

挑戦《ちょうせん》しよう！
シーン 4

交番《こうばん》で道《みち》をたずねよう

Let's try!

入《い》れる内容《ないよう》／「ききたいことがある」と言《い》ってから、市立図書館《しりつとしょかん》への行《い》き方《かた》をたずねる。

3 は、電話《でんわ》の相手《あいて》が親《した》しくない人《ひと》だから、敬語《けいご》で話《はな》したほうがいいね。

3 の「あした行《い》く予定《よてい》だったが」のところには、「うかがう」が使《つか》えるのかな？

4 は、おまわりさんに話《はな》しかけるんだよね。こんなときも、敬語《けいご》を使《つか》ったほうがいいと思《おも》うな。

4 の「ききたいことがある」って、どう言《い》うのかな？ 「ちょっとききたいんだけど」では相手《あいて》に失礼《しつれい》だし……。

ほかにどんなシーンがあるのかな？

シーン5 友達《ともだち》の家《いえ》でもらいものをする

友達《ともだち》の母《はは》　いらっしゃい。明美《あけみ》さん、ぶどう好《す》き？　親戚《しんせき》がたくさん送《おく》ってくれたの。よかったらこれ、おうちの人《ひと》と食《た》べて。

明美《あけみ》　ありがとうございます。いただきます。

シーン6 話《はなし》を聞《き》かせてくれた地域《ちいき》の人《ひと》にお礼《れい》をする

クラスを代表《だいひょう》して、お礼《れい》のことばを申《もう》し上《あ》げます。今日《きょう》は、お米作《こめづく》りのお話《はなし》を聞《き》いて、改《あらた》めて食《た》べ物《もの》をむだにしてはいけないと思《おも》いました。

「いただく」は「もらう」の、「申《もう》し上《あ》げる」は「言《い》う」の、けんじょう語《ご》Iなんだよ。

こんなことにも注意《ちゅうい》しよう！

1 交番《こうばん》で道《みち》をたずねるときは

交番《こうばん》でおまわりさんに道《みち》をたずねる場《ば》合《あい》, いきなり話《はな》しかけたら相手《あいて》はおどろいてしまいます。最初《さいしょ》に「すみませんが」などと言《い》ってから, 用件《ようけん》を言《い》うといいですね。教《おし》えてもらったら, 「ありがとうございました」としっかりお礼《れい》も言《い》いましょう。

2 初《はじ》めて会《あ》った人《ひと》に言《い》うことば

なにかの用事《ようじ》で初《はじ》めて会《あ》う人《ひと》と話《はなし》をする場合《ばあい》, 「はじめまして」などとあいさつをしてから, 自分《じぶん》の名前《なまえ》を伝《つた》えるようにしましょう。初《はじ》めにあいさつをすることで, おたがいに気持《きも》ちよく話《はなし》ができます。

8 お願《ねが》いをする

なにかをお願《ねが》いするときには、相手《あいて》への気《き》づかいをわすれてはいけません。けんじょう語《ご》Ⅰを使《つか》ったシーンと、使《つか》わないシーンをくらべてみましょう。

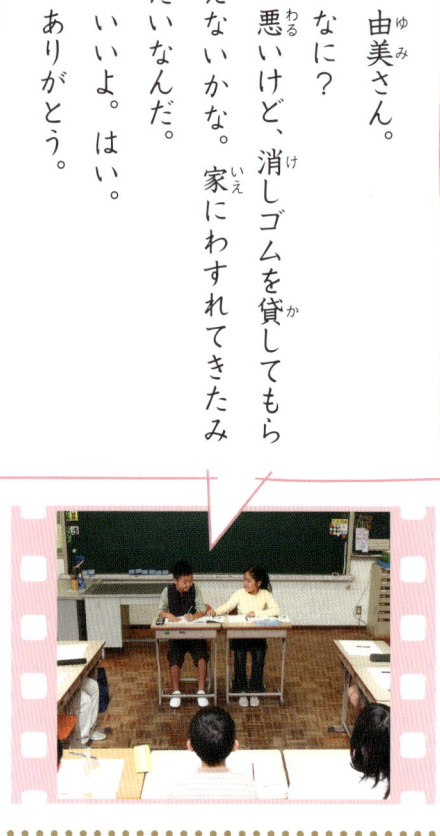

あつかう敬語《けいご》

ていねい語《ご》
美化語《びかご》
尊敬語《そんけいご》
けんじょう語《ご》Ⅰ
けんじょう語《ご》Ⅱ

演《えん》じよう！

シーン 1

となりの席《せき》の人《ひと》に消《け》しゴムを借《か》りる

Let's play!

優輝《ゆうき》　由美《ゆみ》さん。
由美《ゆみ》　なに？
優輝《ゆうき》　悪《わる》いけど、消《け》しゴムを貸《か》してもらえないかな。家《いえ》にわすれてきたみたいなんだ。
由美《ゆみ》　いいよ。はい。
優輝《ゆうき》　ありがとう。

二《ふた》つのやり取《と》りを聞《き》いて、みんなはどう思《おも》ったかな？

❶は敬語《けいご》を使《つか》っていないけど、相手《あいて》に気《き》をつかった言《い》い方《かた》をしているね。

❶では「悪《わる》いけど」、❷では「すみません」などと前置《まえお》きのことばを入《い》れているね。

❷の「貸《か》していただけませんか」って、ふだんは使《つか》わないなあ。

❷の「貸《か》していただけませんか」って、だれかを高《たか》める表現《ひょうげん》なの？

演じよう!

シーン2 職員室《しょくいんしつ》で、副校長先生《ふくこうちょうせんせい》にストップウォッチを借《か》りる

Let's play!

優輝《ゆうき》（職員室《しょくいんしつ》のドアをノックする。）失礼《しつれい》します。副校長先生《ふくこうちょうせんせい》いらっしゃいますか?

（副校長《ふくこうちょう》が優輝《ゆうき》の前《まえ》にくる。）

副校長《ふくこうちょう》　はい。どうしましたか。

優輝《ゆうき》　すみません。三時間目《さんじかんめ》の理科《りか》の授業《じゅぎょう》で使《つか》うので、ストップウォッチを八《やっ》つ貸《か》していただけませんか。

副校長《ふくこうちょう》　いいですよ。そこのたなの中《なか》に入《はい》っているから、どうぞ。

優輝《ゆうき》　ありがとうございます。お借《か》りします。

けんじょう語《ご》Ⅰに気《き》をつけて、①と②を演《えん》じてみよう。

敬語博士《けいごはかせ》のなるほど講座《こうざ》

けんじょう語《ご》Ⅰの決《き》まった敬《けい》語《ご》の形式《けいしき》を覚《おぼ》えれば、いろんなことばをけんじょう語《ご》Ⅰにすることができるよ!

たのみたいことがあるけど、今、声をかけたら悪いかな。

お返しします。

①の「貸《か》してもらえないかな」や、②の「貸《か》していただけませんか」などの許《きょ》可《か》を求《もと》めるたのみ方《かた》は、「貸《か》して」や「貸《か》してください」などと言《い》うよりも、相手《あいて》を気《き》づかった表現《ひょうげん》になります。

けんじょう語《ご》Ⅰには、「貸《か》していただく」のように「～ていただく」をつけるなど、決《き》まった敬語《けいご》の形式《けいしき》のものがあります。ほかに「お話《はな》しする」「ご説《せつ》明《めい》する」のように、「お（ご）～する」という形《かたち》のものもあります。

挑戦《ちょうせん》しよう!

シーン3

保健室《ほけんしつ》で保健《ほけん》の先生《せんせい》に手《て》当《あ》てをしてもらおう

Let's try!

児童《じどう》ア

入《い》れる内容《ないよう》／保健室《ほけんしつ》に入《はい》るときのあいさつ。クラスと名前《なまえ》を言《い》う。

保健《ほけん》の先生《せんせい》　どうしました?

児童《じどう》イ

入《い》れる内容《ないよう》／校庭《こうてい》で転《ころ》んで、ひざをすりむいたので、消毒《しょうどく》してほしいと言《い》う。

保健《ほけん》の先生《せんせい》　ちょっと、見《み》せてね。これは、まずどろを落《お》としたほうがよさそうですね。

保健室《ほけんしつ》に入《はい》るとき、なんて言《い》って入《はい》るといいのかな?「こんにちは」じゃないしねえ……。

入《はい》るときには、自分《じぶん》のクラスと名前《なまえ》を言《い》ったほうがいいと思《おも》うな。

「消毒《しょうどく》してほしい」とお願《ねが》いをする前《まえ》に、前置《まえお》きのことばを入《い》れたほうがいいね。

「消毒《しょうどく》してほしい」と言《い》うのを、許可《きょか》を求《もと》めるたのみ方《かた》にできないかな?

ほかにどんなシーンがあるのかな？

シーン4 野球《やきゅう》クラブのかんとくにお願《ねが》いをする

かんとく、お願《ねが》いがあります。どうしたらバッティングがうまくなれるか、教《おし》えていただけませんか。よろしくお願《ねが》いします。

シーン5 図書館《としょかん》で本《ほん》を借《か》りる

美香《みか》　すみません。お聞《き》きしたいのですが、この本《ほん》は借《か》りられますか？

図書館員《としょかんいん》　ごめんなさい。この赤《あか》いシールがついている本《ほん》はお貸《か》しできないんです。

「お願《ねが》いする」や「お貸《か》しできる」など、決《き》まった敬語《けいご》の形式《けいしき》のけんじょう語《ご》Ⅰが使《つか》われているね。

こんなことにも注意《ちゅうい》しよう！

1 相手《あいて》を気《き》づかう

「取《と》っていただけませんか」は，自分《じぶん》のために取《と》ってもらえるかどうかたずねる言《い》い方《かた》です。「取《と》ってください」と言《い》うよりも少《すこ》し回《まわ》りくどいですが，自分《じぶん》がしてほしいことを相《あい》手《て》に押《お》しつけるような感《かん》じが少《すく》なくなります。

2 心《こころ》をこめる

どんなにていねいなことばづかいでも，いばった話《はな》し方《かた》や態度《たいど》では，相手《あいて》は気分《きぶん》がよくありません。お願《ねが》いをするときだけにかぎらず，相手《あいて》の気持《きも》ちを考《かんが》え，心《こころ》をこめて敬語《けいご》を使《つか》うようにしましょう。

9 電話《でんわ》で話《はな》す

…電話《でんわ》はふつう、相手《あいて》の表情《ひょうじょう》や様子《ようす》を見《み》ないでやり取《と》りをします。**けんじょう語《ご》Ⅱを**使《つか》ったシーンと、使《つか》わないシーンをくらべてみましょう。

あつかう敬語《けいご》

- ていねい語《ご》
- 美化語《びかご》
- 尊敬語《そんけいご》
- けんじょう語《ご》Ⅰ
- **けんじょう語《ご》Ⅱ**

演《えん》じよう！ シーン 1

姉《あね》から母《はは》にかかってきた電話《でんわ》に出《で》る

Let's play!

真由美《まゆみ》　はい、小林《こばやし》です。
亜美《あみ》　もしもし、わたし亜美《あみ》。真由美《まゆみ》でしょ。お母《かあ》さんいる？
真由美《まゆみ》　ううん、いない。出《で》かけているよ。五時《ごじ》ごろもどるって言《い》ってたよ。
亜美《あみ》　そう、わかった。またあとで電話《でんわ》する。

二《ふた》つのやり取《と》りを聞《き》いて，みんなはどう思《おも》ったかな？

①も②も「はい、小林《こばやし》です」と電話《でんわ》に出《で》ているね。

①では、相手《あいて》がお姉《ねえ》さんとわかってからは、敬語《けいご》を使《つか》わなくなったね。

②では、お母《かあ》さんのことを「母《はは》」って言《い》ってるね。

②の「申《もう》しておりました」って、ふだんあまり使《つか》わないことばだよね。

演《えん》じよう！ シーン2

妹《いもうと》の担任《たんにん》の先生《せんせい》から母《はは》にかかってきた電話《でんわ》に出《で》る

Let's play!

真由美《まゆみ》　はい、小林《こばやし》です。

先生《せんせい》　もしもし、第一小学校《だいいちしょうがっこう》二年三組《にねんさんくみ》担任《たんにん》の早坂《はやさか》と申《もう》します。お母《かあ》さんはいらっしゃいますか？

真由美《まゆみ》　いいえ、母《はは》は今《いま》出《で》かけております。五時《ごじ》ごろもどると申《もう》しております。

先生《せんせい》　そうですか。わかりました。では、またあとでお電話《でんわ》します。

けんじょう語《ご》Ⅱに気《き》をつけて、❶と❷を演《えん》じてみよう。

敬語博士《けいごはかせ》のなるほど講座《こうざ》

相手《あいて》に対《たい》して改《あらた》まった気持《きも》ちを伝《つた》えるときは、けんじょう語《ご》Ⅱを使《つか》うんだよ！

❶は、電話《でんわ》の相手《あいて》が家族《かぞく》なので、ふだんどおりの話《はな》し方《かた》です。いっぽう、❷では、先生《せんせい》が相手《あいて》なので、「お母《かあ》さん」ではなく「母《はは》」と言《い》っています。また、けんじょう語《ご》Ⅱの「出《で》かけております」や「申《もう》しておりました」を使《つか》っています。

けんじょう語《ご》Ⅰは、自分《じぶん》の行動《こうどう》が向《む》かう先《さき》を高《たか》めます。それに対《たい》して、けんじょう語《ご》Ⅱは、向《む》かう先《さき》の相手《あいて》を高《たか》めずに、聞《き》き手《て》に対《たい》して改《あらた》まった気持《きも》ちで表現《ひょうげん》するものです。

挑戦《ちょうせん》しよう!

シーン3

休日《きゅうじつ》に、父《ちち》の会社《かいしゃ》からかかってきた電話《でんわ》に出《で》よう

Let's try!

高橋《たかはし》 ア

入《い》れる内容《ないよう》／電話《でんわ》に出《で》て、自分《じぶん》の名前《なまえ》を言《い》う。

会社《かいしゃ》の人《ひと》　武田商事《たけだしょうじ》の伊東《いとう》と申《もう》します。お父様《とうさま》はいらっしゃいますか。

高橋《たかはし》 イ

入《い》れる内容《ないよう》／父《ちち》の留守《るす》を伝《つた》える。父《ちち》は夕方《ゆうがた》に帰《かえ》ってくることを知《し》らせる。

会社《かいしゃ》の人《ひと》　では、お帰《かえ》りになりましたら、お電《でん》話《わ》いただきたいとお伝《つた》えください。

高橋《たかはし》 ウ

入《い》れる内容《ないよう》／わかったと答《こた》える。

自分《じぶん》の名前《なまえ》を言《い》うときは、「です」をつけたほうがいいね。

「留守《るす》にしている」をていねいに言《い》う場《ば》合《あい》、「おります」が使《つか》えるのかな?

お父《とう》さんが「夕方《ゆうがた》帰《かえ》ってくる」ことはなんて言《い》えばいいのかな?

「わかりました」をもっとていねいな言《い》い方《かた》にするとどうなるんだろう。

ほかにどんなシーンがあるのかな？

シーン4 母《はは》の友人《ゆうじん》から母《はは》にかかってきた電話《でんわ》に出《で》る

愛《あい》 はい、松本《まつもと》です。

母《はは》の友人《ゆうじん》 わたくし、お母様《かあさま》の中学《ちゅうがっ》校時代《こうじだい》の友人《ゆうじん》で土田《つちだ》と申《もう》しますが、お母様《かあさま》はいらっしゃいますか？

愛《あい》 はい、おります。少《すこ》しお待《ま》ちください。今《いま》、呼《よ》んで参《まい》ります。

シーン5 近所《きんじょ》の田中《たなか》さんの家《いえ》をたずねている母《はは》へ、来客《らいきゃく》を知《し》らせる電話《でんわ》をかける

恵利《えり》 すみません。山田《やまだ》と申《もう》しますが、母《はは》をお願《ねが》いします。

田中《たなか》 ちょっとお待《ま》ちください。

母《はは》 もしもし、代《か》わりました。

恵利《えり》 お母《かあ》さん、純《じゅん》くんのお母《かあ》さんがいらっしゃってるよ。

「申《もう》す」は「言《い》う」のけんじょう語《ご》Ⅱだよ。

こんなことにも注意《ちゅうい》しよう！

1 受《う》け答《こた》えはていねいに

電話《でんわ》では，ふつう，相手《あいて》の表情《ひょうじょう》や様子《ようす》が見《み》えません。そのため，言《い》い方《かた》や声《こえ》の調子《ちょうし》で誤解《ごかい》されることがあります。言《い》いたいことや気持《きも》ちが正《ただ》しく伝《つた》わるように，ていねいに受《う》け答《こた》えをすることが大切《たいせつ》です。

2 伝言《でんごん》を受《う》けるときはメモを使《つか》う

伝言《でんごん》を受《う》けるときは，メモを取《と》りながら聞《き》くとよいでしょう。メモには，聞《き》いたことを全部《ぜんぶ》書《か》く必要《ひつよう》はありません。重要《じゅうよう》なことだけを落《お》ち着《つ》いて，正確《せいかく》に書《か》くことを心《こころ》がけましょう。メモしたことを相手《あいて》に確《たし》かめると，なおいいですね。

10 大勢《おおぜい》の前《まえ》でスピーチをする

大勢《おおぜい》の前《まえ》であいさつをするときは、その場《ば》にふさわしいことばを使《つか》います。いろいろな敬語《けいご》を使《つか》ったあいさつのシーンをくらべてみましょう。

あつかう敬語《けいご》

ていねい語《ご》
美化語《びかご》
尊敬語《そんけいご》
けんじょう語《ご》Ⅰ
けんじょう語《ご》Ⅱ

演《えん》じよう！ シーン 1

入学式《にゅうがくしき》で、新入生歓迎《しんにゅうせいかんげい》のことばを述《の》べる

Let's play!

新入生《しんにゅうせい》のみなさん、ご入学《にゅうがく》おめでとうございます。在校生《ざいこうせい》を代表《だいひょう》して、お祝《いわ》いのことばを述《の》べます。

新《あたら》しいランドセルを背負《せお》ったみなさんを見《み》ていると、わくわくしながら校門《こうもん》をくぐった五年前《ごねんまえ》の自分《じぶん》を思《おも》い出《だ》します。

今日《きょう》から始《はじ》まる小学校生活《しょうがっこうせいかつ》には、楽《たの》しいことがたくさん待《ま》っています。でも、もしかしたら、こまったなと思《おも》うこともあるかもしれません。そんなときは、先生《せんせい》やわたしたち上級生《じょうきゅうせい》に相談《そうだん》してください。きっといい答《こた》えが見《み》つかるはずです。

二《ふた》つのスピーチを聞《き》いて，みんなはどう思《おも》ったかな？

①と②のスピーチは、ことばづかいがちょっとちがう感《かん》じだね。

①は、新入生《しんにゅうせい》に「です」「ます」で話《はな》しているけど、親《した》しみやすさがあるね。

②の「申《もう》し上《あ》げます」とか「ください ました」という言《い》い方《かた》は、すごく改《あらた》まった感《かん》じがするね。

だれに向《む》かって話《はな》すかで、少《すこ》しずつ言《い》い方《かた》が変《か》わるのかな？

演《えん》じよう！ シーン2

卒業生《そつぎょうせい》を送《おく》る会《かい》で、卒業生《そつぎょうせい》代表《だいひょう》があいさつを述《の》べる

Let's play!

校長先生《こうちょうせんせい》をはじめ先生方《せんせいがた》、本当《ほんとう》にありがとうございました。卒業生《そつぎょうせい》八十二《はちじゅうに》名《めい》を代表《だいひょう》して、お礼《れい》のことばを申《もう》し上《あ》げます。

胸《むね》をふくらませて入学《にゅうがく》してから六年《ろくねん》間《かん》、楽《たの》しかったことも苦《くる》しかったことも、たくさんありました。そんなとき、いつもいっしょに喜《よろこ》んだり悲《かな》しんだりしてくださいました。本当《ほんとう》にありがとうございました。

今《いま》、わたしたちは、南小学校《みなみしょうがっこう》を巣《す》立《だ》って参《まい》りますが、先生方《せんせいがた》から教《おそ》わったたくさんのことを決《けっ》して忘《わす》れません。

スピーチのふんいきのちがいに気《き》をつけて、1と2を演《えん》じてみよう。

敬語博士《けいごはかせ》のなるほど講座《こうざ》

同《おな》じように改《あらた》まった場《ば》でも、立場《たちば》や相手《あいて》によって使《つか》うことばは変《か》わるんだよ！

1は、新入生《しんにゅうせい》をむかえ入《い》れるあいさつです。改《あらた》まった場《ば》ですが、相手《あいて》は新入生《しんにゅうせい》なので、ていねい語《ご》「です」「ます」程度《ていど》にとどめ、やさしく親《した》しみやすいふんいきで述《の》べています。

2は、卒業生《そつぎょうせい》を代表《だい》してあいさつを述《の》べるという、とても改《あらた》まった場《ば》です。相手《あいて》が先生方《せんせいがた》なので、けんじょう語《ご》Ⅰの「申《もう》し上《あ》げる」、尊敬語《そんけいご》の「くださる」などを使《つか》っています。げんしゅくなふんいきにふさわしいことばづかいです。

挑戦《ちょうせん》しよう! シーン3

卒業式《そつぎょうしき》で、在校生《ざいこうせい》を代表《だいひょう》してお祝《いわ》いのことばを述《の》べよう

Let's try!

入《い》れる内容《ないよう》／卒業《そつぎょう》のお祝《いわ》い、クラブ活動《かつどう》で助《たす》けてもらったお礼《れい》、卒業生《そつぎょうせい》へのはげましのことばを述《の》べる。

挑戦《ちょうせん》しよう! シーン4

学習発表会《がくしゅうはっぴょうかい》で、保護者《ほごしゃ》や全校児童《ぜんこうじどう》の前《まえ》であいさつをしよう

Let's try!

入《い》れる内容《ないよう》／保護者《ほごしゃ》などに来《き》てもらったお礼《れい》、劇《げき》の紹介《しょうかい》、せりふを覚《おぼ》えるのが大変《たいへん》だったこと、精《せい》いっぱいやりたいという意気《いき》ごみを述《の》べる。

3は、最初《さいしょ》に、「卒《そつ》業生《ぎょうせい》のみなさん」と呼《よ》びかけてから始《はじ》めるといいね。

3は、上級生《じょうきゅうせい》に向《む》けて言《い》うんだよね。「助《たす》けてもらう」は、「助《たす》けていただく」がいいのかな?

4は、保護者《ほごしゃ》も聞《き》いているから、ていねいなことばで話《はな》さないといけないよね。

4は、初《はじ》めに、学習《がくしゅう》発表会《はっぴょうかい》に来《き》てもらった感謝《かんしゃ》の気持《きも》ちを、保護者《ほごしゃ》などへ伝《つた》えることばとして入《い》れるといいと思《おも》うな。

ほかにどんなシーンがあるのかな？

シーン5 運動会《うんどうかい》で、児童会長《じどうかいちょう》があいさつをする

いよいよ待《ま》ちに待《ま》った運動会《うんどうかい》がやってきました。この日《ひ》に備《そな》えて、わたしたちは一生懸命練習《いっしょうけんめいれんしゅう》してきました。今日《きょう》はその成果《せいか》を存分《ぞんぶん》に発揮《はっき》して、すばらしい運動会《うんどうかい》にしましょう。

それから、観客席《かんきゃくせき》のみな様《さま》にお願《ねが》い申《もう》し上《あ》げます。わたしたちは、最後《さいご》まで精《せい》いっぱいがんばりますので、温《あたた》かいご声援《せいえん》をよろしくお願《ねが》いいたします。

シーン6 児童会長選挙《じどうかいちょうせんきょ》の立《た》ち会《あ》い演説会《えんぜつかい》をする

このたび児童会長《じどうかいちょう》に立候補《りっこうほ》いたしました五年一組《ごねんいちくみ》の和田直樹《わだなおき》と申《もう》します。よろしくお願《ねが》いいたします。

それでは、これからわたしが児童会《じどうかい》長《ちょう》になったら実行《じっこう》したいことを三《みっ》つお話《はな》ししたいと思《おも》います。

こんなことにも注意《ちゅうい》しよう！

1 スピーチをするときの話《はな》し方《かた》

スピーチは聞《き》き取《と》りやすい発声《はっせい》で話《はな》しましょう。大勢《おおぜい》の前《まえ》でも，どなったり，やみくもに声《こえ》を張《は》り上《あ》げたりすればいいというわけではありません。落《お》ち着《つ》いて，ひとりひとりに語《かた》りかける気持《きも》ちで声《こえ》を出《だ》しましょう。

2 身《み》だしなみをととのえる

大勢《おおぜい》の前《まえ》でするスピーチは，ほとんどの場《ば》合《あい》が改《あらた》まった場《ば》となります。そこに参加《さんか》している人《ひと》たちや聞《き》いてもらう相手《あいて》への配慮《はいりょ》として，その場《ば》にふさわしい身《み》だしなみでのぞむようにしましょう。

11 きかれて話《はな》す・面接《めんせつ》を受《う》ける

●●● 面接官《めんせつかん》は、受験生《じゅけんせい》がどんなことばづかいをするか注目《ちゅうもく》しています。さまざまなシーンを通《とお》して、**いろいろな敬語《けいご》**を使《つか》った受《う》け答《こた》えのちがいをくらべてみましょう。

あつかう敬語《けいご》

- ていねい語《ご》
- 美化語《びかご》
- 尊敬語《そんけいご》
- けんじょう語《ご》Ⅰ
- けんじょう語《ご》Ⅱ

演《えん》じよう!

シーン1 親戚《しんせき》の家《いえ》を訪《たず》ねたとき、おじに志望校《しぼうこう》についてきかれる

Let's play!

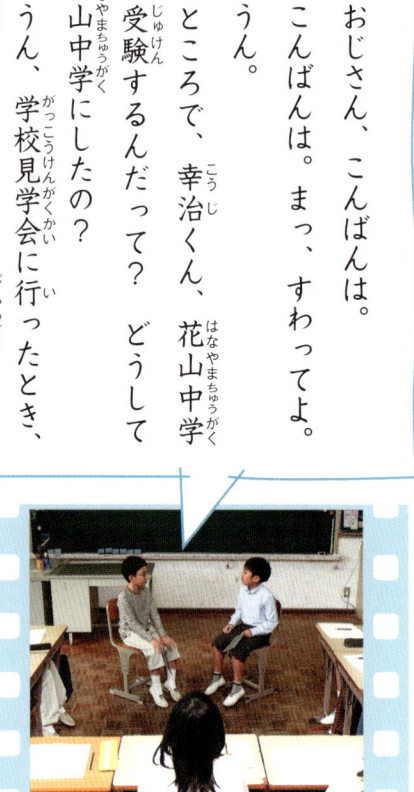

幸治《こうじ》　おじさん、こんばんは。

おじ　こんばんは。まっ、すわってよ。

幸治《こうじ》　うん。

おじ　ところで、幸治《こうじ》くん、花山中学《はなやまちゅうがく》を受験《じゅけん》するんだって? どうして花山中学《はなやまちゅうがく》にしたの?

幸治《こうじ》　うん、学校見学会《がっこうけんがくかい》に行《い》ったとき、勉強《べんきょう》だけじゃなくて、部活動《ぶかつどう》もさかんだって聞《き》いたんだ。ぼく、勉強《べんきょう》はもちろんだけど、今《いま》まで続《つづ》けてきたサッカーもがんばりたいんだ。

二《ふた》つのやり取《と》りを聞《き》いて,みんなはどう思《おも》ったかな?

1では、おじさんに「うん」と言《い》ってるけど、2では、「はい」と返事《へんじ》をしているね。

1も2も志望校《しぼうこう》を選《えら》んだ理由《りゆう》を説明《せつめい》しているけど、ことばづかいがちがうね。

2では、相手《あいて》は子《こ》どもなのに、面接官《めんせつかん》もていねいなことばを使《つか》っているね。

入学試験《にゅうがくしけん》の面接官《めんせつかん》は、受験生《じゅけんせい》がどんなことばづかいをしているか、気《き》をつけて聞《き》いているんだろうな。

演《えん》じよう！

シーン2

入学試験《にゅうがくしけん》で面接《めんせつ》を受《う》ける

Let's play!

幸治《こうじ》　二宮小学校《にのみやしょうがっこう》の野田幸治《のだこうじ》です。よろしくお願《ねが》いします。

面接官《めんせつかん》　はい、どうぞおかけください。

幸治《こうじ》　失礼《しつれい》いたします。

面接官《めんせつかん》　それでは、野田《のだ》さんが、花山《はなやま》中学校《ちゅうがっこう》を選《えら》ばれた理由《りゆう》をお聞《き》かせください。

幸治《こうじ》　はい。学校見学会《がっこうけんがくかい》に参《まい》りまして、勉強《べんきょう》だけでなく、部活動《ぶかつどう》もさかんだとうかがったからです。わたしは、この花山中学校《はなやまちゅうがっこう》で、勉強《べんきょう》はもちろんですが、今《いま》まで続《つづ》けてきたサッカーもがんばりたいと思《おも》っております。

その場《ば》のふんいきや、きかれたことに合《あ》った答《こた》えになっているかに注意《ちゅうい》して、1と2を演《えん》じてみよう。

敬語博士《けいごはかせ》のなるほど講座《こうざ》

面接《めんせつ》では、敬語《けいご》を使《つか》ってしっかりと受《う》け答《こた》えをすることが大切《たいせつ》なんだよ！

質問《しつもん》されそうな事《こと》がらは、敬語《けいご》を使《つか》ったきちんとしたことばで説明《せつめい》できるように準《じゅん》備《び》しておきましょう。

面接《めんせつ》では、短《みじか》いことばで、はっきりと、受《う》け答《こた》えをすることが大切《たいせつ》です。初《はじ》めに「よろしくお願《ねが》いします」、終《お》わりには「ありがとうございました」などのあいさつをすること、質問《しつもん》には「はい」と返事《へんじ》をしてから答《こた》えることなども大切《たいせつ》です。

また、面接《めんせつ》は改《あらた》まった場《ば》なので、面接官《めんせつかん》も敬語《けいご》を使《つか》っています。

挑戦《ちょうせん》しよう！ シーン 3

入学試験《にゅうがくしけん》で、グループ面接《めんせつ》を受《う》けよう

Let's try!

面接官《めんせつかん》 では、次《つぎ》の方《かた》、お名前《なまえ》を教《おし》えてください。それから、将来《しょうらい》の夢《ゆめ》を教《おし》えてください。

入沢《いりさわ》 ア

入《い》れる内容《ないよう》／名前《なまえ》は入沢武《いりさわたけし》。動物《どうぶつ》が好《す》きなので獣医《じゅうい》になりたいと言《い》う。

面接官《めんせつかん》 ありがとうございました。では、次《つぎ》に大田《おおた》さんに質問《しつもん》します。小学校生活《しょうがっこうせいかつ》でいちばん心《こころ》に残《のこ》っていることはなんですか？

大田《おおた》 イ

入《い》れる内容《ないよう》／総合的《そうごうてき》な学習《がくしゅう》の時間《じかん》に、地球温暖《ちきゅうおんだん》化《か》について調《しら》べたことと、深刻《しんこく》な事態《じたい》におどろいたということを言《い》う。

アもイも面接官《めんせつかん》の質問《しつもん》に答《こた》えるときは、まず、「はい」って言《い》うんだっけ？

アもイも「です」「ます」をしっかりつけて話《はな》さないと、おかしいよね。

アで、将来《しょうらい》の夢《ゆめ》を話《はな》すときは、理由《りゆう》も言《い》ったほうが相手《あいて》に伝《つた》わりやすいよね？

イのように、自分《じぶん》の考《かんが》えを述《の》べるときは、どんなことばを使《つか》えばいいのかな？

ほかにどんなシーンがあるのかな？

シーン4 面接《めんせつ》の最後《さいご》にお礼《れい》を言《い》う

面接官《めんせつかん》　わたしからうかがいたいことは以上《いじょう》です。最後《さいご》に、なにかご質問《しつもん》はありますか？

幸治《こうじ》　いいえ。とくにありません。

面接官《めんせつかん》　では、これで終《お》わります。

幸治《こうじ》　本日《ほんじつ》はありがとうございました。（起立《きりつ》して）では、失礼《しつれい》します。

失礼
します。

シーン5 面接官《めんせつかん》の質問《しつもん》を聞《き》き直《なお》す

面接官《めんせつかん》　小林《こばやし》さんは、なにか地域《ちいき》の活動《かつどう》をしていますか？

里奈《りな》　申《もう》し訳《わけ》ありませんが、もう一度《いちど》お願《ねが》いします。

申し訳ありませんが、
もう一度お願いします。

面接《めんせつ》の部屋《へや》に入《はい》るときと出《で》るときは「失礼《しつれい》します」、面接《めんせつ》が終《お》わったら「ありがとうございました」などのことばをしっかり言《い》おう。

こんなことにも注意《ちゅうい》しよう！

1 きびきびとした態度《たいど》でのぞむ

面接官《めんせつかん》はことばづかいだけでなく，おじぎのしかた，話《はな》す姿勢《しせい》といった態度《たいど》にも注目《ちゅうもく》しています。相手《あいて》の目《め》を見《み》て，きびきびとした態度《たいど》でのぞみましょう。

2 落《お》ち着《つ》いて話《はな》す

ええと

質問《しつもん》に答《こた》えるときは、「ええと」「ううんと」などと言《い》わないようにします。そのためには，話《はな》す内容《ないよう》を整理《せいり》して，落《お》ち着《つ》いて答《こた》えることが大切《たいせつ》です。

3 質問《しつもん》がわからないときは

えっ！
？
えっ！

わかったふりをして，あいまいに答《こた》えてはいけません。「申《もう》し訳《わけ》ありませんが，もう一度《いちど》お願《ねが》いします」などと礼儀正《れいぎただ》しくきき直《なお》しましょう。

12 手紙《てがみ》を書《か》く

手紙《てがみ》は、書《か》く相手《あいて》によってことばづかいが変《か》わります。友達《ともだち》に出《だ》す手紙《てがみ》、会社《かいしゃ》に出《だ》す手紙《てがみ》、先生《せんせい》に出《だ》す手紙《てがみ》など、**いろいろな敬語《けいご》**を使《つか》った手紙《てがみ》をくらべてみましょう。

あつかう敬語《けいご》

- ていねい語《ご》
- 美化語《びかご》
- 尊敬語《そんけいご》
- けんじょう語《ご》Ⅰ
- けんじょう語《ご》Ⅱ

読《よ》んでみよう!

ケース 1

旅行先《りょこうさき》から仲《なか》のいい友達《ともだち》に手紙《てがみ》を書《か》く

Let's read!

毎日《まいにち》暑《あつ》いけど、元気《げんき》?
ぼくは今《いま》、鳥取《とっとり》のおばあちゃんの家《いえ》に来《き》ているんだ。毎日《まいにち》家《いえ》の近《ちか》くの海《うみ》で遊《あそ》んでいるから、日《ひ》に焼《や》けて真《ま》っ黒《くろ》だよ。
鳥取《とっとり》は、健太《けんた》くんの好《す》きななしの産地《さんち》なんだよ。おみやげに持《も》って帰《かえ》るから楽《たの》しみに待《ま》っていてね。
それでは、帰《かえ》ったらまた広場《ひろば》でサッカーをしようね。さようなら。

平成《へいせい》二十年《にじゅうねん》八月《はちがつ》二十五日《にじゅうごにち》

橋本《はしもと》 誠《まこと》

佐々木《ささき》健太《けんた》様《さま》

二《ふた》つの手紙《てがみ》を読《よ》んで、
みんなはどう思《おも》ったかな?

①には敬語《けいご》が使《つか》われていないけど、「暑《あつ》いけど、元気《げんき》?」のように相手《あいて》を気《き》づかった書《か》き方《かた》をしているね。

①は、友達《ともだち》でもあて名《な》には「様《さま》」をつけるんだね。

②は、お世話《せわ》になったことへのお礼《れい》だから、敬語《けいご》を使《つか》って書《か》いているんだね。

②の「御中《おんちゅう》」って、どういうときに使《つか》うのかな。

読《よ》んでみよう！ ケース2 工場見学《こうじょうけんがく》のお礼《れい》の手紙《てがみ》を書《か》く

送《おく》る相手《あいて》によって，ことばづかいがどう変《か》わっているかに気《き》をつけて読《よ》んでみよう。

Let's read!

うっとうしい梅雨空《つゆぞら》が続《つづ》いていますが、いかがお過《す》ごしですか。

先日《せんじつ》の社会科見学《しゃかいかけんがく》では、おいそがしい中《なか》、工場《こうじょう》を見学《けんがく》させていただきありがとうございました。ふだん何気《なにげ》なく食《た》べているパンには、できるまでにさまざまな工程《こうてい》があるということがたいへんよくわかりました。今後《こんご》は、パンを食《た》べるたびに、みな様《さま》のご苦労《くろう》を思《おも》い出《だ》すことと思《おも》います。

それでは、これからもお体《からだ》に気《き》をつけて、おいしいパンを作《つく》ってください。さようなら。

平成二十年六月二十二日《へいせいにじゅうねんろくがつにじゅうににち》

赤星小学校六年二組《あかほししょうがっこうろくねんにくみ》
坂本陽子《さかもとようこ》

竹田《たけだ》パン株式会社御中《かぶしきがいしゃおんちゅう》

敬語博士《けいごはかせ》のなるほど講座《こうざ》

決《き》まった書《か》き方《かた》を覚《おぼ》えれば、読《よ》みやすい手紙《てがみ》が書《か》けるようになるよ！

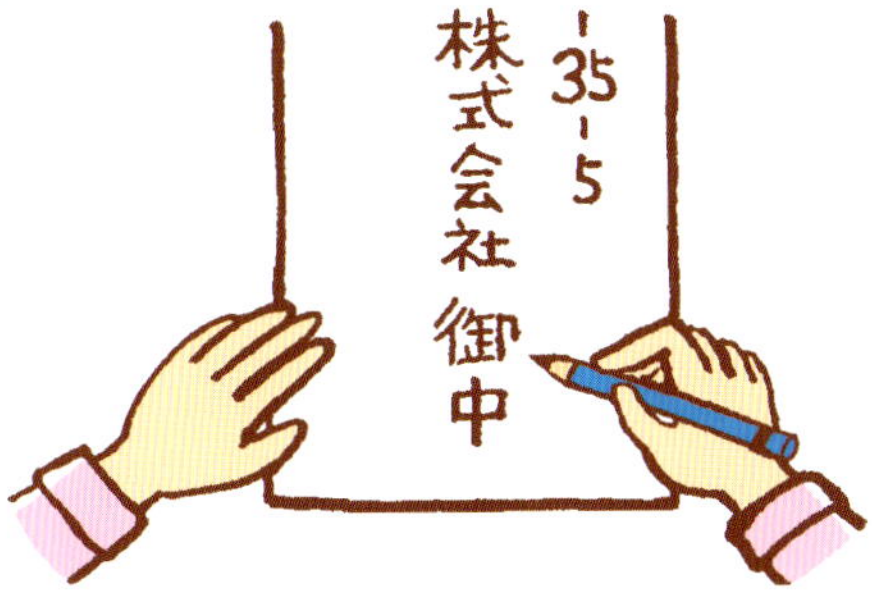

35-5
株式会社 御中

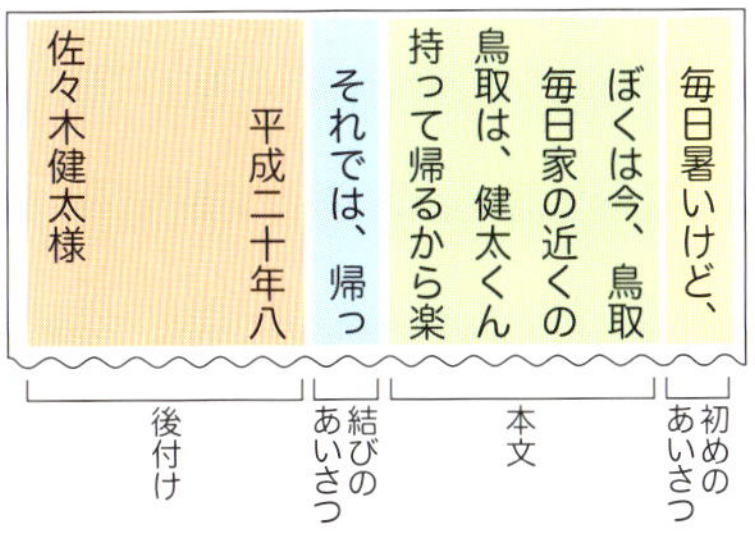

毎日暑いけど、
ぼくは今、鳥取
毎日家の近くの
鳥取は、健太くん
持って帰るから楽
それでは、帰っ
平成二十年八
佐々木健太様
初めのあいさつ
本文
結びのあいさつ
後付け

❶も❷も、「初《はじ》めのあいさつ（前文《ぜんぶん》）」「本文《ほんもん》」「結《むす》びのあいさつ」「後付《あとづ》け」の順番《じゅんばん》に書《か》かれています。また、❶では、敬語《けいご》が使《つか》われていませんが、相手《あいて》を思《おも》いやる気持《きも》ちが伝《つた》わってきます。

❷は、会社《かいしゃ》へのお礼《れい》の手紙《てがみ》です。感謝《かんしゃ》の気持《きも》ちを伝《つた》えるために、敬語《けいご》を使《つか》ったていねいな書《か》き方《かた》をしています。また、あて名《な》が会社《かいしゃ》などの団体《だんたい》のときは、「様《さま》」ではなく「御中《おんちゅう》」と書《か》くので注意《ちゅうい》しましょう。

挑戦《ちょうせん》しよう!

ケース3

工場見学《こうじょうけんがく》のお願《ねが》いの手紙《てがみ》を書《か》こう

Let's try!

入《い》れる内容《ないよう》／学校名《がっこうめい》、名前《なまえ》、工場見学《こうじょうけんがく》をしたいこととその理由《りゆう》、見学《けんがく》する人数《にんずう》、見学《けんがく》できるかどうか返事《へんじ》をもらいたいということ、後日改《ごじつあらた》めて電話《でんわ》するということを書《か》く。

知《し》らない会社《かいしゃ》の人《ひと》に出《だ》すんだから、ていねいなことばで書《か》かないといけないね。
どう書《か》き始《はじ》めたらいいのかな。知《し》らない相手《あいて》に出《だ》すのだから、「お元気《げんき》ですか」ときくのはおかしいし……。
お願《ねが》いの内容《ないよう》を書《か》く前《まえ》に、自己紹介《じこしょうかい》が必要《ひつよう》かな?
会社名《かいしゃめい》につけるのは「様《さま》」だっけ? 「御中《おんちゅう》」だっけ?

ほかにどんなケースがあるのかな？

ケース4 転任《てんにん》した先生《せんせい》に、最近《さいきん》の自分《じぶん》の様子《ようす》を知《し》らせる手紙《てがみ》を書《か》く

拝啓《はいけい》

新学期《しんがっき》が始《はじ》まり、学校《がっこう》の通学路《つうがくろ》にこいのぼりが見《み》られる季節《きせつ》となりました。先生《せんせい》、お元気《げんき》ですか。

わたしは、新《あたら》しいクラスにもなれ、毎日元気《まいにちげんき》に学校《がっこう》へ行《い》っています。元四年二組《もとよねんにくみ》のみんなも元気《げんき》です。

ときどき、先生《せんせい》のギターで歌《うた》を歌《うた》ったことや、休《やす》み時間《じかん》に先生《せんせい》といっしょにドッジボールをしたことなどを友達《ともだち》と話《はな》しています。新《あたら》しい学校《がっこう》でも、ギターをひいたり、みんなでドッジボールをしたりしているのでしょうか。

機会《きかい》がありましたら、ぜひ青山小学校《あおやましょうがっこう》に遊《あそ》びに来《き》てください。先生《せんせい》にお会《あ》いできるのを、みんな楽《たの》しみに待《ま》っています。

それでは、お体《からだ》に気《き》をつけてください。

敬具《けいぐ》

平成二十年四月三十日《へいせいにじゅうねんしがつさんじゅうにち》

青山小学校五年一組《あおやましょうがっこうごねんいちくみ》
森山加奈子《もりやまかなこ》

高橋大樹先生《たかはしだいきせんせい》

「拝啓《はいけい》」と「敬具《けいぐ》」を使《つか》った手紙《てがみ》だね。

こんなことにも注意《ちゅうい》しよう！

1 「拝啓《はいけい》」「敬具《けいぐ》」ってなに？

「頭語《とうご》」とは，手紙《てがみ》の書《か》き始《はじ》めのことばで，「結語《けつご》」は，手紙《てがみ》のしめくくりのことばです。頭語《とうご》と結語《けつご》は，決《き》まった組《く》み合《あ》わせで使《つか》われますので，内容《ないよう》や相手《あいて》によって使《つか》い分《わ》けるようにしましょう。

[頭語《とうご》]　[結語《けつご》]
拝啓《はいけい》——敬具《けいぐ》（一般的《いっぱんてき》な形《かたち》）
前略《ぜんりゃく》——草々《そうそう》（前文《ぜんぶん》を省略《しょうりゃく》した形《かたち》）
拝復《はいふく》——敬具《けいぐ》（一般的《いっぱんてき》な返信《へんしん》）

2 あて名《な》の書《か》き方《かた》

「様《さま》」や「御中《おんちゅう》」などを敬称《けいしょう》といいます。これらは，相手《あいて》に対《たい》する敬意《けいい》を表《あらわ》すために使《つか》います。

●個人《こじん》の場合《ばあい》…様《さま》
（送《おく》り先《さき》が教師《きょうし》の場合《ばあい》は，「先生《せんせい》」）

●会社《かいしゃ》や団体《だんたい》などの場合《ばあい》…御中《おんちゅう》

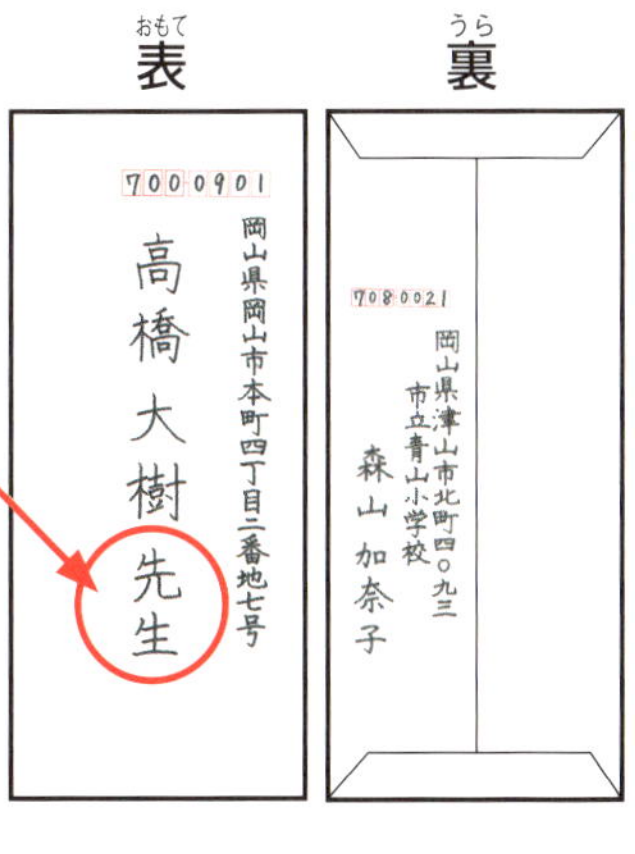

表《おもて》
裏《うら》
7000901
岡山県岡山市本町四丁目二番地七号
高橋大樹
先生
7080021
岡山県津山市北町四〇九三
市立青山小学校
森山加奈子

13 招待状《しょうたいじょう》・案内状《あんないじょう》を書《か》く

招待状《しょうたいじょう》・案内状《あんないじょう》は、出《だ》す相手《あいて》によってことばづかいが変《か》わります。いろいろな敬語《けいご》を使《つか》ったさまざまな招待状《しょうたいじょう》・案内状《あんないじょう》をくらべてみましょう。

あつかう敬語《けいご》

- ていねい語《ご》
- 美化語《びかご》
- 尊敬語《そんけいご》
- けんじょう語《ご》Ⅰ
- けんじょう語《ご》Ⅱ

読《よ》んでみよう！ ケース 1

読《よ》み聞《き》かせの会《かい》に、児童《じどう》を招《まね》く招待状《しょうたいじょう》を書《か》く

Let's read!

木々《きぎ》が色《いろ》づくさわやかな季節《きせつ》となりました。みなさんお元気《げんき》ですか。

わたしたち図書委員会《としょいいんかい》は、読《よ》み聞《き》かせの会《かい》を開《ひら》くことになりました。読《よ》む本《ほん》は『日本《にほん》の昔話《むかしばなし》』です。楽《たの》しい会《かい》になるよう準備《じゅんび》をしていますので、どうぞ参加《さんか》してください。

十月三日《じゅうがつみっか》

図書委員会《としょいいんかい》

大山小学校《おおやましょうがっこう》のみなさんへ

●読《よ》み聞《き》かせの会《かい》の予定《よてい》

日時《にちじ》　十月十五日《じゅうがつじゅうごにち》（火《か》）　昼休《ひるやす》み

場所《ばしょ》　学校《がっこう》の図書館《としょかん》

二《ふた》つの招待状《しょうたいじょう》を読《よ》んで、みんなはどう思《おも》ったかな？

どちらも、最後《さいご》に日時《にちじ》や場所《ばしょ》がまとめられていて、わかりやすいね。なにか決《き》まった書《か》き方《かた》があるのかな？

1 2 とも、最初《さいしょ》に季節《きせつ》のことが書《か》かれているけど、決《き》まった形《かたち》があるのかな？

2 は、地域《ちいき》の人《ひと》に向《む》けた招待状《しょうたいじょう》だから、きちんとしたことばづかいだね。

1 2 とも、相手《あいて》の最近《さいきん》の様子《ようす》をたずねているね。

読《よ》んでみよう! ケース2

音読発表会《おんどくはっぴょうかい》に、地域《ちいき》の人《ひと》を招《まね》く招待状《しょうたいじょう》を書《か》く

Let's read!

梅雨《つゆ》明《あ》けが待《ま》ち遠《どお》しい季節《きせつ》ですが、みな様《さま》いかがお過《す》ごしですか。

このたび、西山小学校《にしやましょうがっこう》では、地域《ちいき》の方《かた》をお招《まね》きして、音読発表会《おんどくはっぴょうかい》を開《ひら》くことになりました。みな様《さま》に楽《たの》しんでいただけるよう練習《れんしゅう》しておりますので、どうぞおいでください。

なお、当日《とうじつ》はスリッパをご持参《じさん》ください。

みな様《さま》にお目《め》にかかれることを楽《たの》しみにしております。

平成《へいせい》二《に》十年《じゅうねん》七月《しちがつ》一日《ついたち》

西山小学校《にしやましょうがっこう》四《よん》〜六年生《ろくねんせい》一同《いちどう》

ひまわりホームのみな様《さま》へ

● 音読発表会《おんどくはっぴょうかい》の予定《よてい》

日時《にちじ》　平成《へいせい》二《に》十年《じゅうねん》七月《しちがつ》十五日《じゅうごにち》(金《きん》)　午後一時《ごごいちじ》から三時《さんじ》

場所《ばしょ》　西山小学校《にしやましょうがっこう》　体育館《たいいくかん》

作品《さくひん》　○『ごんぎつね』(四年生《よねんせい》)

○『セロ弾《ひ》きのゴーシュ』より(五年生《ごねんせい》)

○『おとぎ草子《ぞうし》』より(六年生《ろくねんせい》)

どんな人《ひと》たちにあてた招待状《しょうたいじょう》なのか、もらった人《ひと》の気持《きも》ちを想像《そうぞう》しながら、❶と❷を読《よ》んでみよう。

敬語博士《けいごはかせ》のなるほど講座《こうざ》

招待状《しょうたいじょう》・案内状《あんないじょう》は、その行事《ぎょうじ》がいつ、どこで行《おこな》われるのかを、わかりやすく、失礼《しつれい》のないことばで、わかりやすく書《か》くことが大切《たいせつ》だよ!

❶は、学校内《がっこうない》のお知《し》らせなので、❷にくらべて親《した》しみのあることばが使《つか》われています。❶の「みなさんへ」が、❷では「みな様《さま》へ」となっています。

❷は、地域《ちいき》の人《ひと》にあてた招待状《しょうたいじょう》なので、きちんとしたことばづかいで書《か》かれています。「ぜひ来《き》てもらいたい」という気持《きも》ちが伝《つた》わるように、心《こころ》をこめて書《か》きましょう。また、初《はじ》めのあいさつや結《むす》びのあいさつをわすれずに入《い》れましょう。

挑戦《ちょうせん》しよう!

ケース 3

運動会《うんどうかい》に、おじいちゃん・おばあちゃん（家族《かぞく》や親《した》しい人《ひと》）を招《まね》く招待状《しょうたいじょう》を書《か》こう

入《い》れる内容《ないよう》／十月十日《じゅうがつとおか》（土《ど》）午前八時三十分《ごぜんはちじさんじっぷん》から午後三時《ごごさんじ》、南小学校《みなみしょうがっこう》の校庭《こうてい》で運動会《うんどうかい》が行《おこな》われるので、応援《おうえん》に来《き》てほしいと書《か》く。

Let's try!

相手《あいて》がおじいちゃん・おばあちゃんだと、きちんとした敬語《けいご》を使《つか》ったほうがいいよね。

「がんばります」や「来《き》てください」などと呼《よ》びかけると、喜《よろこ》んで来《き》てくれるかもしれないね。

徒競走《ときょうそう》やダンスなどを、一生懸命練習《いっしょうけんめいれんしゅう》してきたことを書《か》くといいと思《おも》うな。

日時《にちじ》や場所《ばしょ》は、まとめて書《か》いておくと読《よ》む人《ひと》にわかりやすいんじゃない？

ほかにどんなケースがあるのかな？

ケース4

地域《ちいき》の人《ひと》たちに、学校祭《がっこうまつ》りの案内状《あんないじょう》を出《だ》す

このような横書《よこが》きの招待状《しょうたいじょう》・案内状《あんないじょう》もあるんだよ。

平成《へいせい》20年《ねん》5月《がつ》25日《にち》

坂《さか》の上《うえ》地区《ちく》のみな様《さま》

南小学校《みなみしょうがっこう》　児童会長《じどうかいちょう》　山野《やまの》ひろみ

南小祭《みなみしょうまつ》りのおさそい

拝啓《はいけい》　緑《みどり》が美《うつく》しい季節《きせつ》となりましたが，みな様《さま》いかがお過《す》ごしですか。

さて，このたび，わたしたち南小学校《みなみしょうがっこう》では「南小祭《みなみしょうまつ》り」を下記《かき》のとおり開《ひら》くことになりました。クラスごとにいろいろな作品《さくひん》を展示《てんじ》したり，劇《げき》などの楽《たの》しいイベントを多数準備《たすうじゅんび》したりしております。おいそがしいとは思《おも》いますが，みな様《さま》のご参加《さんか》をお待《ま》ちしております。

いつになく不安定《ふあんてい》な天気《てんき》が続《つづ》きますが，お体《からだ》にお気《き》をつけください。

敬具《けいぐ》

記《き》

日時《にちじ》：平成《へいせい》20年《ねん》6月《がつ》15日《にち》（火《か》）午後《ごご》2時《じ》から4時《じ》

場所《ばしょ》：南小学校《みなみしょうがっこう》

※上《うわ》ばきをご持参《じさん》ください。

南小まつり

以上《いじょう》

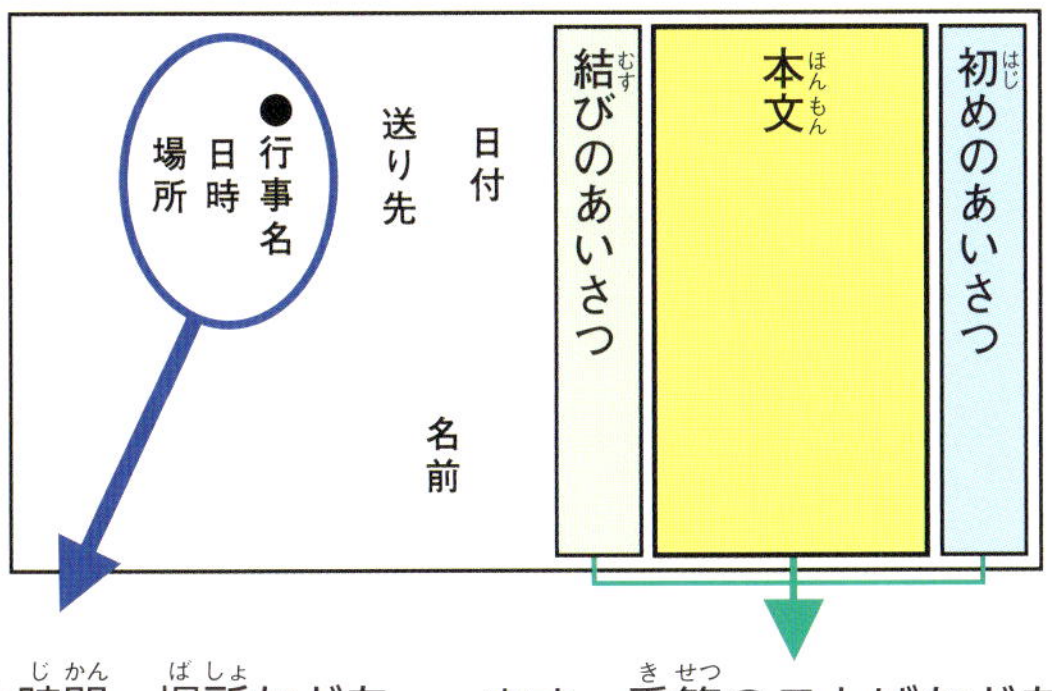
初《はじ》めのあいさつ
本文《ほんもん》
結《むす》びのあいさつ
日付
送り先
名前
●行事名
日時
場所

日《ひ》にちや時間《じかん》，場所《ばしょ》などをかじょう書《が》きにします。

まず，季節《きせつ》のことばなどを入《い》れてあいさつを書《か》きます。次《つぎ》に，行事《ぎょうじ》の内容《ないよう》などの本文《ほんもん》を書《か》きます。最《さい》後《ご》に，相手《あいて》の健康《けんこう》を気《き》づかうような結《むす》びのあいさつを入《い》れます。

こんなことにも注意《ちゅうい》しよう！

作成《さくせい》のポイント

- 伝《つた》えたいことをわかりやすく的確《てきかく》にまとめる
- 形式《けいしき》を守《まも》る（左《ひだり》の図《ず》）
- イラストや地図《ちず》などを入《い》れて工夫《くふう》する

作成《さくせい》の流《なが》れ

①書《か》く内容《ないよう》を考《かんが》える
②下書《したが》きをする
③表現《ひょうげん》を確《たし》かめる
④人《ひと》に読《よ》んでもらう
⑤清書《せいしょ》をする

挑戦《ちょうせん》しよう〈答《こた》えの例《れい》〉

1 自己紹介《じこしょうかい》をする

シーン3

高田守《たかだまもる》です。好《す》きな科目《かもく》は国語《こくご》です。趣味《しゅみ》は読書《どくしょ》で、こわい話《はなし》や不思議《ふしぎ》な話《はなし》が好《す》きです。今《いま》がんばっているのは一輪車乗《いちりんしゃの》りで、今月中《こんげつちゅう》につかまらないで五十《ごじゅう》メートル乗《の》れるようになりたいと思《おも》います。

シーン4

はじめまして、わたしは、花山小学校六年三組《はなやましょうがっこうろくねんさんくみ》の池内理恵《いけうちりえ》といいます。今《いま》、わたしたちのクラスでは、総合的《そうごうてき》な学習《がくしゅう》の勉強《べんきょう》で、いろいろな仕事《しごと》について調《しら》べています。今日《きょう》は、ケーキ屋《や》さんの仕事《しごと》についてききに来《き》ました。

p10

2 司会《しかい》をする

改《あらた》まったことば

シーン3

みなさん、今日《きょう》から六年一組《ろくねんいちくみ》に入《はい》ることになりました川田健一《かわだけんいち》さんを紹介《しょうかい》します。では川田《かわだ》さん、自己紹介《じこしょうかい》をお願《ねが》いします。

シーン4

これから帰《かえ》りの会《かい》を始《はじ》めます。あしたの理科《りか》の授業《じゅぎょう》のことで、理科係《りかがかり》から連絡《れんらく》があります。では田中《たなか》さん、お願《ねが》いします。

p14

3 身内《みうち》と話《はな》す・お店《みせ》の人《ひと》と話《はな》す

シーン3

ア　お肉《にく》とお魚《さかな》は、どんなお料理《りょうり》ですか？

イ　わたしはお肉《にく》にします。

p18

4 インタビューをする

あいさつや自己紹介《じこしょうかい》

シーン3

ア　失礼《しつれい》します。六年一組《ろくねんいちくみ》の田中美枝《たなかみえ》と北山武《きたやまたけし》と上田加奈《うえだかな》です。今度《こんど》、学級新聞《がっきゅうしんぶん》に校長先生《こうちょうせんせい》の記事《きじ》をのせたいと思《おも》います。インタビューをしてもいいでしょうか。

イ　まず初《はじ》めに、校長先生《こうちょうせんせい》の趣味《しゅみ》を教《おし》えてください。

ウ　次《つぎ》の質問《しつもん》ですが、いちばん好《す》きな学校行事《がっこうぎょうじ》はなんですか？　それから、なぜ好《す》きなのですか？

p22

5 来客《らいきゃく》と話《はな》す

シーン3

お父《とう》さん、山川商事《やまかわしょうじ》の田中《たなか》さんとおっしゃる方《かた》がいらっしゃったよ。二時《にじ》の約束《やくそく》だそうだけど。

p26

ていねい語《ご》
美化語《びかご》
尊敬語《そんけいご》
けんじょう語《ご》Ⅰ
けんじょう語《ご》Ⅱ

6 校内放送《こうないほうそう》をする

シーン3

保健委員《ほけんいいん》に連絡《れんらく》します。今日《きょう》の放課後《ほうかご》に委員会《いいんかい》を行《おこな》います。午後三時半《ごごさんじはん》になりましたら会議室《かいぎしつ》にお集《あつ》まりください。

シーン4

保護者《ほごしゃ》のみな様《さま》にお知《し》らせします。これから、昼《ひる》休《やす》みになります。昼食《ちゅうしょく》や休憩《きゅうけい》には、体育館《たいいくかん》をご利用《りよう》ください。なお、午後《ごご》は一時《いちじ》からプログラムが始《はじ》まりますので、それまでに校庭《こうてい》におもどりください。

p30

7 親《した》しい人《ひと》と話《はな》す・親《した》しくない人《ひと》と話《はな》す

シーン3

あしたの四時《よじ》にうかがう予定《よてい》の山下《やました》です。すみませんが、用事《ようじ》ができてしまったので、日時《にちじ》を変《へん》更《こう》してもらえますか。

シーン4

すみません、ちょっとうかがいますが、市立図《しりつと》書館《しょかん》にはどう行《い》けばいいのでしょうか？

p34

8 お願《ねが》いをする

シーン3

ア　失礼《しつれい》します。五年二組《ごねんにくみ》の高田《たかだ》です。

イ　校庭《こうてい》で転《ころ》んでひざをすりむいてしまいました。すみませんが、傷口《きずぐち》の消毒《しょうどく》をしていただけますか。

p38

9 電話《でんわ》で話《はな》す

シーン3

ア　はい、高橋《たかはし》です。

イ　ただ今《いま》、父《ちち》は留守《るす》にしておりますが、夕方《ゆうがた》には帰《かえ》ってくると申《もう》しておりました。

ウ　はい、承知《しょうち》いたしました。

p42

10 大勢《おおぜい》の前《まえ》でスピーチをする

シーン3

卒業生《そつぎょうせい》のみなさん、ご卒業《そつぎょう》おめでとうございます。卒業証書《そつぎょうしょうしょ》を手《て》にされた今《いま》、どんなお気持《きも》ちですか。楽《たの》しかったことや、つらかったこと、いろいろなことが思《おも》い出《だ》されることでしょう。わたしたちも、みなさんとのたくさんの思《おも》い出《で》があります。クラブ活動《かつどう》や委員会活《いいんかいかつ》動《どう》など、こまったときはいつも助《たす》けていただきました。

いよいよ、みなさんは中学生《ちゅうがくせい》です。この先《さき》、つらいこともあるかもしれません。でも負《ま》けないでください。北山小学校《きたやましょうがっこう》の後輩全員《こうはいぜんいん》が、みなさんを応援《おうえん》しています。

最後《さいご》に、みなさんのご健康《けんこう》とご活躍《かつやく》を心《こころ》よりお祈《いの》りして、お祝《いわ》いのことばといたします。

p46

シーン4

本日《ほんじつ》は、学習発表会《がくしゅうはっぴょうかい》におこしいただき、ありがとうございます。わたしたち六年二組《ろくねんにくみ》は「つるの恩返《おんがえ》し」を上《じょう》演《えん》いたします。せりふを覚《おぼ》えるのがとても大変《たいへん》でしたが、みんなで一生懸命《いっしょうけんめい》練習《れんしゅう》いたしました。本日《ほんじつ》は精《せい》いっぱいがんばりますので、どうぞ最後《さいご》までご覧《らん》ください。

11 きかれて話《はな》す・面接《めんせつ》を受《う》ける

シーン3

ア　はい、入沢武《いりさわたけし》です。将来《しょうらい》の夢《ゆめ》は獣医《じゅうい》になることです。小《ちい》さいころから動物《どうぶつ》が好《す》きで、動物《どうぶつ》に関係《かんけい》した職業《しょくぎょう》につきたいと考《かんが》えておりました。

イ　はい、総合的《そうごうてき》な学習《がくしゅう》の時間《じかん》に、地球温暖化《ちきゅうおんだんか》と氷《ひょう》河《が》の関係《かんけい》について調《しら》べたことです。氷河《ひょうが》がとけて海面《かいめん》が上昇《じょうしょう》するなど、深刻《しんこく》な状況《じょうきょう》が起《お》きていることを知《し》り、たいへんおどろきました。

p50

12 手紙《てがみ》を書《か》く

ケース3

初《はじ》めてお手紙《てがみ》を差《さ》し上《あ》げます。

わたしは、松川小学校《まつかわしょうがっこう》の岸谷里美《きしたにさとみ》と申《もう》します。今《いま》、社会科《しゃかいか》の授業《じゅぎょう》で花里町《はなさとちょう》の伝統産業《でんとうさんぎょう》について調《しら》べています。そこで、ぜひうちわができるまでの様子《ようす》を見学《けんがく》させていただきたいと考《かんが》え、お手紙《てがみ》を差《さ》し上《あ》げました。

実際《じっさい》にうかがうのは、六人《ろくにん》を予定《よてい》しています。もし見学《けんがく》をさせていただけるようでしたら、ご都合《つごう》のいい日時《にちじ》をお知《し》らせいただけますでしょうか。くわしいことは、また改《あらた》めてお電話《でんわ》いたします。

おいそがしいところ申《もう》し訳《わけ》ありませんが、どうぞよろしくお願《ねが》いします。

平成二十年十月三日《へいせいにじゅうねんじゅうがつみっか》

松川小学校五年三組《まつかわしょうがっこうごねんさんくみ》
岸谷里美《きしたにさとみ》

花里《はなさと》うちわ製作所御中《せいさくじょおんちゅう》

p54

13 招待状《しょうたいじょう》・案内状《あんないじょう》を書《か》く

ケース3

おじいちゃん・おばあちゃんへ

十月十日《じゅうがつとおか》の土曜日《どようび》に、南小学校《みなみしょうがっこう》で運動会《うんどうかい》があります。この日《ひ》に備《そな》えて、徒競走《ときょうそう》やダンスなどを一生懸《いっしょうけん》命練習《めいれんしゅう》してきました。白組《しろぐみ》が勝《か》つように最後《さいご》までがんばりたいと思《おも》います。おじいちゃん・おばあちゃんもぜひ応援《おうえん》に来《き》てください。お待《ま》ちしています。

●運動会《うんどうかい》の予定《よてい》

日時《にちじ》　十月十日《じゅうがつとおか》（土《ど》）
午前八時三十分《ごぜんはちじさんじっぷん》～午後三時《ごごさんじ》

場所《ばしょ》　南小学校《みなみしょうがっこう》 校庭《こうてい》

洋子《ようこ》

p58

敬語《けいご》さくいん

※この本《ほん》で色《いろ》をつけて示《しめ》した敬語《けいご》です。

用語《ようご》さくいん

※この本《ほん》に出《で》てきたことばを五十音順《ごじゅうおんじゅん》で並《なら》べています。

監修 [五十音順]

蒲谷 宏（かばやひろし）
早稲田大学大学院日本語教育研究科教授。博士（文学）。専門は，日本語学・日本語教育学。文化審議会国語分科会委員として，「敬語の指針」（2007・文化審議会答申）作成に携わる。著書に『待遇コミュニケーション論』（大修館書店），『敬語表現』『敬語表現教育の方法』『敬語表現ハンドブック』（以上，共著 大修館書店），『大人の敬語コミュニケーション』（ちくま新書）などがある。

工藤直子（くどうなおこ）
詩人，童話作家。広告代理店にコピーライターとして勤務の後，本格的な執筆活動に入る。日本児童文学者協会新人賞，産経児童出版文化賞などを受賞。著書に『のはらうた I～IV』（童話屋），『あいうえおおかみ』（小峰書店），『のほほん』（小学館）などがある。

髙木まさき（たかぎまさき）
横浜国立大学教育人間科学部教授。専門は，国語教育学。著書に『「他者」を発見する国語の授業』（大修館書店），『情報リテラシー　言葉に立ち止まる国語の授業』（編著　明治図書出版），『国語科における言語活動の授業づくり入門』（教育開発研究所）などがある。

編集 [五十音順]

青山由紀（あおやまゆき）
筑波大学附属小学校教諭。著書に『話すことが好きになる子どもを育てる』（東洋館出版社），『子どもを国語好きにする授業アイデア』（学事出版），『まんがで学ぶ　ことわざ』（国土社），『こくごの図鑑』（小学館）などがある。

関根健一（せきねけんいち）
読売新聞紙面審査委員会幹事（用語担当）。日本新聞協会用語懇談会委員。文化審議会国語分科会委員。著書に『ちびまる子ちゃんの敬語教室』（集英社），『笑う敬語術―オトナ社会のことばの仕組み』（勁草書房），『日本語・日めくり』『なぜなに日本語』（以上，読売新聞社）などがある。

協力
筑波大学附属小学校
筑波大学附属小学校児童のみなさん

写真
田中史彦

表紙・本文イラスト
門司美恵子（chadal 108）

本文イラスト
ARI
すみもとななみ
min（スパイスマシーン）

装丁・デザイン
GRiD

組版（DTP）
ニシエ芸株式会社

執筆協力
田端久美子

編集協力
株式会社 童夢

光村の国語　楽しく演じて，敬語の達人 ❶

これなら使える　敬語13場面

2007年10月31日　第1刷発行
2013年 4月30日　第3刷発行
監修　蒲谷 宏　工藤直子　髙木まさき
編集　青山由紀　関根健一
発行者　時枝良次
発行所　光村教育図書株式会社
〒141-0031 東京都品川区西五反田 2-27-4
TEL　03-3779-0581（代表）
FAX　03-3779-0266
http://www.mitsumura-kyouiku.co.jp/
印刷　株式会社 亨有堂印刷所
製本　株式会社 ブックアート

ISBN978-4-89572-736-5　C8081　NDC815
64p　27 × 22cm

Published by Mitsumura Educational Co.,Ltd.Tokyo,Japan

敬語《けいご》の対照表《たいしょうひょう》

ふつうの言《い》い方《かた》	尊敬語《そんけいご》	けんじょう語《ご》Ⅰ	けんじょう語《ご》Ⅱ
会《あ》う	お会《あ》いになる　会《あ》われる	お目《め》にかかる　お会《あ》いする	
言《い》う	おっしゃる　言《い》われる	申《もう》し上《あ》げる	申《もう》す
行《い》く	いらっしゃる　おいでになる 行《い》かれる	うかがう　おうかがいする	参《まい》る
いる	いらっしゃる　おいでになる		おる
思《おも》う	お思《おも》いになる　思《おも》われる		存《ぞん》じる
きく	おききになる　きかれる	うかがう　おうかがいする おききする	
着《き》る	おめしになる　着《き》られる		
来《く》る	いらっしゃる　おいでになる おこしになる　見《み》える お見《み》えになる　来《こ》られる		参《まい》る
くれる	くださる　たまわる		
知《し》っている	ご存《ぞん》じ　知《し》っていらっしゃる	存《ぞん》じ上《あ》げている	存《ぞん》じている
死《し》ぬ	おなくなりになる		